2014年发布
中国企业会计准则

企业会计准则第33号
——合并财务报表

财政部会计司　编

经济科学出版社

图书在版编目（CIP）数据

企业会计准则第 33 号：合并财务报表/财政部会计司编. —北京：经济科学出版社，2014.6
ISBN 978 – 7 – 5141 – 4792 – 6

Ⅰ.①企… Ⅱ.①财… Ⅲ.①企业 – 会计准则 – 中国 Ⅳ.①F279.23

中国版本图书馆 CIP 数据核字（2014）第 140542 号

责任编辑：黄双蓉　黎子民
责任校对：杨　海
责任印制：邱　天

企业会计准则第 33 号——合并财务报表
财政部会计司　编
经济科学出版社出版、发行　新华书店经销
社址：北京市海淀区阜成路甲 28 号　邮编：100142
总编部电话：010 – 88191217　发行部电话：010 – 88191522
网址：www.esp.com.cn
电子邮件：esp@esp.com.cn
天猫网店：经济科学出版社旗舰店
网址：http://jjkxcbs.tmall.com
河北零五印刷厂印装
787×1092　16 开　11.25 印张　130000 字
2014 年 6 月第 1 版　2014 年 6 月第 1 次印刷
ISBN 978 – 7 – 5141 – 4792 – 6　定价：50.00 元
（图书出现印装问题，本社负责调换。电话：010 – 88191502）
（版权所有　翻印必究）

财政部文件

财会〔2014〕10 号

财政部关于印发修订《企业会计准则第 33 号——合并财务报表》的通知

国务院有关部委、有关直属机构，各省、自治区、直辖市、计划单列市财政厅（局），新疆生产建设兵团财务局，财政部驻各省、自治区、直辖市、计划单列市财政监察专员办事处，有关中央管理企业：

　　为了适应社会主义市场经济发展需要，进一步完善企业会计准则体系，提高企业合并财务报表质量，根据《企业会计准则——基本准则》，我部对《企业会计准则第 33 号——合并财务报表》进行了修订，现予印发，自 2014 年 7 月 1 日起在所有执行企业会计准则的企业范围内施行，鼓励在境外上市的企业提前执行。我部于 2006 年 2 月 15 日发布的《财政部关于印发〈企业会计准则第 1 号——存货〉等 38 项具体准则的通知》（财会〔2006〕3 号）中的《企业会计准则第 33 号——合并财务报表》同时废止。

　　执行中有何问题，请及时反馈我部。

　　附件：企业会计准则第 33 号——合并财务报表

财政部
2014 年 2 月 17 日

总 目 录

第一部分　企业会计准则第 33 号——合并财务报表 …… 1

第二部分　《企业会计准则第 33 号——合并财务报表》
应用指南 ………………………………………… 21

第三部分　《企业会计准则第 33 号——合并财务报表》
修订说明 ………………………………………… 129

第四部分　Accounting Standard for Business Enterprises
No. 33—Consolidated Financial Statements …… 141

第一部分

企业会计准则第 33 号
——合并财务报表

第一章 总则

第一条 为了规范合并财务报表的编制和列报，根据《企业会计准则——基本准则》，制定本准则。

第二条 合并财务报表，是指反映母公司和其全部子公司形成的企业集团整体财务状况、经营成果和现金流量的财务报表。

母公司，是指控制一个或一个以上主体（含企业、被投资单位中可分割的部分，以及企业所控制的结构化主体等，下同）的主体。

子公司，是指被母公司控制的主体。

第三条 合并财务报表至少应当包括下列组成部分：

（一）合并资产负债表；

（二）合并利润表；

（三）合并现金流量表；

（四）合并所有者权益（或股东权益，下同）变动表；

（五）附注。

企业集团中期期末编制合并财务报表的，至少应当包括合并资产负债表、合并利润表、合并现金流量表和附注。

第四条 母公司应当编制合并财务报表。

如果母公司是投资性主体，且不存在为其投资活动提供相关服务的子公司，则不应当编制合并财务报表，该母公司按照本准则第二十一条规定以公允价值计量其对所有子公司的投资，且公允价值变动计入当期损益。

第五条 外币财务报表折算，适用《企业会计准则第19号——外币折算》和《企业会计准则第31号——现金流量表》。

第六条 关于在子公司权益的披露，适用《企业会计准则第 41 号——在其他主体中权益的披露》。

第二章 合并范围

第七条 合并财务报表的合并范围应当以控制为基础予以确定。

控制，是指投资方拥有对被投资方的权力，通过参与被投资方的相关活动而享有可变回报，并且有能力运用对被投资方的权力影响其回报金额。

本准则所称相关活动，是指对被投资方的回报产生重大影响的活动。被投资方的相关活动应当根据具体情况进行判断，通常包括商品或劳务的销售和购买、金融资产的管理、资产的购买和处置、研究与开发活动以及融资活动等。

第八条 投资方应当在综合考虑所有相关事实和情况的基础上对是否控制被投资方进行判断。一旦相关事实和情况的变化导致对控制定义所涉及的相关要素发生变化的，投资方应当进行重新评估。相关事实和情况主要包括：

（一）被投资方的设立目的。

（二）被投资方的相关活动以及如何对相关活动作出决策。

（三）投资方享有的权利是否使其目前有能力主导被投资方的相关活动。

（四）投资方是否通过参与被投资方的相关活动而享有可变回报。

（五）投资方是否有能力运用对被投资方的权力影响其回报金额。

（六）投资方与其他方的关系。

第九条 投资方享有现时权利使其目前有能力主导被投资方的相关活动，而不论其是否实际行使该权利，视为投资方拥有对被投资方的权力。

第十条 两个或两个以上投资方分别享有能够单方面主导被投资方不同相关活动的现时权利的，能够主导对被投资方回报产生最重大影响的活动的一方拥有对被投资方的权力。

第十一条 投资方在判断是否拥有对被投资方的权力时，应当仅考虑与被投资方相关的实质性权利，包括自身所享有的实质性权利以及其他方所享有的实质性权利。

实质性权利，是指持有人在对相关活动进行决策时有实际能力行使的可执行权利。判断一项权利是否为实质性权利，应当综合考虑所有相关因素，包括权利持有人行使该项权利是否存在财务、价格、条款、机制、信息、运营、法律法规等方面的障碍；当权利由多方持有或者行权需要多方同意时，是否存在实际可行的机制使得这些权利持有人在其愿意的情况下能够一致行权；权利持有人能否从行权中获利等。

某些情况下，其他方享有的实质性权利有可能会阻止投资方对被投资方的控制。这种实质性权利既包括提出议案以供决策的主动性权利，也包括对已提出议案作出决策的被动性权利。

第十二条 仅享有保护性权利的投资方不拥有对被投资方的权力。

保护性权利，是指仅为了保护权利持有人利益却没有赋予持有人对相关活动决策权的一项权利。保护性权利通常只能在被投资方发生根本性改变或某些例外情况发生时才能够行使，它既没有赋予其持有人对被投资方拥有权力，也不能阻止其他方对被投资方拥有权力。

第十三条　除非有确凿证据表明其不能主导被投资方相关活动，下列情况，表明投资方对被投资方拥有权力：

（一）投资方持有被投资方半数以上的表决权的。

（二）投资方持有被投资方半数或以下的表决权，但通过与其他表决权持有人之间的协议能够控制半数以上表决权的。

第十四条　投资方持有被投资方半数或以下的表决权，但综合考虑下列事实和情况后，判断投资方持有的表决权足以使其目前有能力主导被投资方相关活动的，视为投资方对被投资方拥有权力：

（一）投资方持有的表决权相对于其他投资方持有的表决权份额的大小，以及其他投资方持有表决权的分散程度。

（二）投资方和其他投资方持有的被投资方的潜在表决权，如可转换公司债券、可执行认股权证等。

（三）其他合同安排产生的权利。

（四）被投资方以往的表决权行使情况等其他相关事实和情况。

第十五条　当表决权不能对被投资方的回报产生重大影响时，如仅与被投资方的日常行政管理活动有关，并且被投资方的相关活动由合同安排所决定，投资方需要评估这些合同安排，以评价其享有的权利是否足够使其拥有对被投资方的权力。

第十六条　某些情况下，投资方可能难以判断其享有的权利是否足以使其拥有对被投资方的权力。在这种情况下，投资方应当考虑其具有实际能力以单方面主导被投资方相关活动的证据，从而判断其是否拥有对被投资方的权力。投资方应考虑的因素包括但不限于下列事项：

（一）投资方能否任命或批准被投资方的关键管理人员。

（二）投资方能否出于其自身利益决定或否决被投资方的重大交易。

（三）投资方能否掌控被投资方董事会等类似权力机构成员的任命程序，或者从其他表决权持有人手中获得代理权。

（四）投资方与被投资方的关键管理人员或董事会等类似权力机构中的多数成员是否存在关联方关系。

投资方与被投资方之间存在某种特殊关系的，在评价投资方是否拥有对被投资方的权力时，应当适当考虑这种特殊关系的影响。特殊关系通常包括：被投资方的关键管理人员是投资方的现任或前任职工、被投资方的经营依赖于投资方、被投资方活动的重大部分有投资方参与其中或者是以投资方的名义进行、投资方自被投资方承担可变回报的风险或享有可变回报的收益远超过其持有的表决权或其他类似权利的比例等。

第十七条 投资方自被投资方取得的回报可能会随着被投资方业绩而变动的，视为享有可变回报。投资方应当基于合同安排的实质而非回报的法律形式对回报的可变性进行评价。

第十八条 投资方在判断是否控制被投资方时，应当确定其自身是以主要责任人还是代理人的身份行使决策权，在其他方拥有决策权的情况下，还需要确定其他方是否以其代理人的身份代为行使决策权。

代理人仅代表主要责任人行使决策权，不控制被投资方。投资方将被投资方相关活动的决策权委托给代理人的，应当将该决策权视为自身直接持有。

第十九条 在确定决策者是否为代理人时，应当综合考虑该决策者与被投资方以及其他投资方之间的关系。

（一）存在单独一方拥有实质性权利可以无条件罢免决策者的，该决策者为代理人。

（二）除（一）以外的情况下，应当综合考虑决策者对被投资方的决策权范围、其他方享有的实质性权利、决策者的薪酬水平、决策者因持有被投资方中的其他权益所承担可变回报的风险等相关因素进行判断。

第二十条 投资方通常应当对是否控制被投资方整体进行判断。但极个别情况下，有确凿证据表明同时满足下列条件并且符合相关法律法规规定的，投资方应当将被投资方的一部分（以下简称"该部分"）视为被投资方可分割的部分（单独主体），进而判断是否控制该部分（单独主体）。

（一）该部分的资产是偿付该部分负债或该部分其他权益的唯一来源，不能用于偿还该部分以外的被投资方的其他负债；

（二）除与该部分相关的各方外，其他方不享有与该部分资产相关的权利，也不享有与该部分资产剩余现金流量相关的权利。

第二十一条 母公司应当将其全部子公司（包括母公司所控制的单独主体）纳入合并财务报表的合并范围。

如果母公司是投资性主体，则母公司应当仅将为其投资活动提供相关服务的子公司（如有）纳入合并范围并编制合并财务报表；其他子公司不应当予以合并，母公司对其他子公司的投资应当按照公允价值计量且其变动计入当期损益。

第二十二条 当母公司同时满足下列条件时，该母公司属于投资性主体：

（一）该公司是以向投资者提供投资管理服务为目的，从一个或多个投资者处获取资金；

（二）该公司的唯一经营目的，是通过资本增值、投资收益或两者兼有而让投资者获得回报；

（三）该公司按照公允价值对几乎所有投资的业绩进行考量和评价。

第二十三条 母公司属于投资性主体的，通常情况下应当符合下列所有特征：

（一）拥有一个以上投资；

（二）拥有一个以上投资者；

（三）投资者不是该主体的关联方；

（四）其所有者权益以股权或类似权益方式存在。

第二十四条 投资性主体的母公司本身不是投资性主体，则应当将其控制的全部主体，包括那些通过投资性主体所间接控制的主体，纳入合并财务报表范围。

第二十五条 当母公司由非投资性主体转变为投资性主体时，除仅将为其投资活动提供相关服务的子公司纳入合并财务报表范围编制合并财务报表外，企业自转变日起对其他子公司不再予以合并，并参照本准则第四十九条的规定，按照视同在转变日处置子公司但保留剩余股权的原则进行会计处理。

当母公司由投资性主体转变为非投资性主体时，应将原未纳入合并财务报表范围的子公司于转变日纳入合并财务报表范围,原未纳入合并财务报表范围的子公司在转变日的公允价值视同为购买的交易对价。

第三章 合并程序

第二十六条 母公司应当以自身和其子公司的财务报表为基础,根据其他有关资料,编制合并财务报表。

母公司编制合并财务报表,应当将整个企业集团视为一个会计主体,依据相关企业会计准则的确认、计量和列报要求,按照统一的会计政策,反映企业集团整体财务状况、经营成果和现金流量。

(一)合并母公司与子公司的资产、负债、所有者权益、收入、费用和现金流等项目。

(二)抵销母公司对子公司的长期股权投资与母公司在子公司所有者权益中所享有的份额。

(三)抵销母公司与子公司、子公司相互之间发生的内部交易的影响。内部交易表明相关资产发生减值损失的,应当全额确认该部分损失。

(四)站在企业集团角度对特殊交易事项予以调整。

第二十七条 母公司应当统一子公司所采用的会计政策,使子公司采用的会计政策与母公司保持一致。

子公司所采用的会计政策与母公司不一致的,应当按照母公司的会计政策对子公司财务报表进行必要的调整;或者要求子公司按照母公司的会计政策另行编报财务报表。

第二十八条 母公司应当统一子公司的会计期间,使子公司的会计期间与母公司保持一致。

子公司的会计期间与母公司不一致的,应当按照母公司的会计期间对子公司财务报表进行调整；或者要求子公司按照母公司的会计期间另行编报财务报表。

第二十九条 在编制合并财务报表时，子公司除了应当向母公司提供财务报表外，还应当向母公司提供下列有关资料：

（一）采用的与母公司不一致的会计政策及其影响金额；

（二）与母公司不一致的会计期间的说明；

（三）与母公司、其他子公司之间发生的所有内部交易的相关资料；

（四）所有者权益变动的有关资料；

（五）编制合并财务报表所需要的其他资料。

第一节　合并资产负债表

第三十条 合并资产负债表应当以母公司和子公司的资产负债表为基础，在抵销母公司与子公司、子公司相互之间发生的内部交易对合并资产负债表的影响后，由母公司合并编制。

（一）母公司对子公司的长期股权投资与母公司在子公司所有者权益中所享有的份额应当相互抵销，同时抵销相应的长期股权投资减值准备。

子公司持有母公司的长期股权投资，应当视为企业集团的库存股，作为所有者权益的减项，在合并资产负债表中所有者权益项目下以"减：库存股"项目列示。

子公司相互之间持有的长期股权投资，应当比照母公司对子公司的股权投资的抵销方法，将长期股权投资与其对应的子公司所有者权益中所享有的份额相互抵销。

（二）母公司与子公司、子公司相互之间的债权与债务项目应当相互抵销，同时抵销相应的减值准备。

（三）母公司与子公司、子公司相互之间销售商品（或提供劳务，下同）或其他方式形成的存货、固定资产、工程物资、在建工程、无形资产等所包含的未实现内部销售损益应当抵销。

对存货、固定资产、工程物资、在建工程和无形资产等计提的跌价准备或减值准备与未实现内部销售损益相关的部分应当抵销。

（四）母公司与子公司、子公司相互之间发生的其他内部交易对合并资产负债表的影响应当抵销。

（五）因抵销未实现内部销售损益导致合并资产负债表中资产、负债的账面价值与其在所属纳税主体的计税基础之间产生暂时性差异的，在合并资产负债表中应当确认递延所得税资产或递延所得税负债，同时调整合并利润表中的所得税费用，但与直接计入所有者权益的交易或事项及企业合并相关的递延所得税除外。

第三十一条　子公司所有者权益中不属于母公司的份额，应当作为少数股东权益，在合并资产负债表中所有者权益项目下以"少数股东权益"项目列示。

第三十二条　母公司在报告期内因同一控制下企业合并增加的子公司以及业务，编制合并资产负债表时，应当调整合并资产负债表的期初数，同时应当对比较报表的相关项目进行调整，视同合并后的报告主体自最终控制方开始控制时点起一直存在。

因非同一控制下企业合并或其他方式增加的子公司以及业务，编制合并资产负债表时，不应当调整合并资产负债表的期初数。

第三十三条　母公司在报告期内处置子公司以及业

务，编制合并资产负债表时，不应当调整合并资产负债表的期初数。

第二节 合并利润表

第三十四条 合并利润表应当以母公司和子公司的利润表为基础，在抵销母公司与子公司、子公司相互之间发生的内部交易对合并利润表的影响后，由母公司合并编制。

（一）母公司与子公司、子公司相互之间销售商品所产生的营业收入和营业成本应当抵销。

母公司与子公司、子公司相互之间销售商品，期末全部实现对外销售的，应当将购买方的营业成本与销售方的营业收入相互抵销。

母公司与子公司、子公司相互之间销售商品，期末未实现对外销售而形成存货、固定资产、工程物资、在建工程、无形资产等资产的，在抵销销售商品的营业成本和营业收入的同时，应当将各项资产所包含的未实现内部销售损益予以抵销。

（二）在对母公司与子公司、子公司相互之间销售商品形成的固定资产或无形资产所包含的未实现内部销售损益进行抵销的同时，也应当对固定资产的折旧额或无形资产的摊销额与未实现内部销售损益相关的部分进行抵销。

（三）母公司与子公司、子公司相互之间持有对方债券所产生的投资收益、利息收入及其他综合收益等，应当与其相对应的发行方利息费用相互抵销。

（四）母公司对子公司、子公司相互之间持有对方长期股权投资的投资收益应当抵销。

（五）母公司与子公司、子公司相互之间发生的其他内部交易对合并利润表的影响应当抵销。

第三十五条 子公司当期净损益中属于少数股东权益的份额，应当在合并利润表中净利润项目下以"少数股东损益"项目列示。

子公司当期综合收益中属于少数股东权益的份额，应当在合并利润表中综合收益总额项目下以"归属于少数股东的综合收益总额"项目列示。

第三十六条 母公司向子公司出售资产所发生的未实现内部交易损益，应当全额抵销"归属于母公司所有者的净利润"。

子公司向母公司出售资产所发生的未实现内部交易损益，应当按照母公司对该子公司的分配比例在"归属于母公司所有者的净利润"和"少数股东损益"之间分配抵销。

子公司之间出售资产所发生的未实现内部交易损益，应当按照母公司对出售方子公司的分配比例在"归属于母公司所有者的净利润"和"少数股东损益"之间分配抵销。

第三十七条 子公司少数股东分担的当期亏损超过了少数股东在该子公司期初所有者权益中所享有的份额的，其余额仍应当冲减少数股东权益。

第三十八条 母公司在报告期内因同一控制下企业合并增加的子公司以及业务，应当将该子公司以及业务合并当期期初至报告期末的收入、费用、利润纳入合并利润表，同时应当对比较报表的相关项目进行调整，视同合并后的报告主体自最终控制方开始控制时点起一直存在。

因非同一控制下企业合并或其他方式增加的子公司以及业务，应当将该子公司以及业务购买日至报告期末的收入、费用、利润纳入合并利润表。

第三十九条　母公司在报告期内处置子公司以及业务，应当将该子公司以及业务期初至处置日的收入、费用、利润纳入合并利润表。

第三节　合并现金流量表

第四十条　合并现金流量表应当以母公司和子公司的现金流量表为基础，在抵销母公司与子公司、子公司相互之间发生的内部交易对合并现金流量表的影响后，由母公司合并编制。

本准则提及现金时，除非同时提及现金等价物，均包括现金和现金等价物。

第四十一条　编制合并现金流量表应当符合下列要求：

（一）母公司与子公司、子公司相互之间当期以现金投资或收购股权增加的投资所产生的现金流量应当抵销。

（二）母公司与子公司、子公司相互之间当期取得投资收益、利息收入收到的现金，应当与分配股利、利润或偿付利息支付的现金相互抵销。

（三）母公司与子公司、子公司相互之间以现金结算债权与债务所产生的现金流量应当抵销。

（四）母公司与子公司、子公司相互之间当期销售商品所产生的现金流量应当抵销。

（五）母公司与子公司、子公司相互之间处置固定资产、无形资产和其他长期资产收回的现金净额，应当与购建固定资产、无形资产和其他长期资产支付的现金相互抵销。

（六）母公司与子公司、子公司相互之间当期发生的其他内部交易所产生的现金流量应当抵销。

第四十二条 合并现金流量表及其补充资料也可以根据合并资产负债表和合并利润表进行编制。

第四十三条 母公司在报告期内因同一控制下企业合并增加的子公司以及业务，应当将该子公司以及业务合并当期期初至报告期末的现金流量纳入合并现金流量表，同时应当对比较报表的相关项目进行调整，视同合并后的报告主体自最终控制方开始控制时点起一直存在。

因非同一控制下企业合并增加的子公司以及业务，应当将该子公司购买日至报告期末的现金流量纳入合并现金流量表。

第四十四条 母公司在报告期内处置子公司以及业务，应当将该子公司以及业务期初至处置日的现金流量纳入合并现金流量表。

第四节 合并所有者权益变动表

第四十五条 合并所有者权益变动表应当以母公司和子公司的所有者权益变动表为基础，在抵销母公司与子公司、子公司相互之间发生的内部交易对合并所有者权益变动表的影响后，由母公司合并编制。

（一）母公司对子公司的长期股权投资应当与母公司在子公司所有者权益中所享有的份额相互抵销。

子公司持有母公司的长期股权投资以及子公司相互之间持有的长期股权投资，应当按照本准则第三十条规定处理。

（二）母公司对子公司、子公司相互之间持有对方长期股权投资的投资收益应当抵销。

（三）母公司与子公司、子公司相互之间发生的其他内部交易对所有者权益变动的影响应当抵销。

合并所有者权益变动表也可以根据合并资产负债表和合并利润表进行编制。

第四十六条 有少数股东的，应当在合并所有者权益变动表中增加"少数股东权益"栏目，反映少数股东权益变动的情况。

第四章 特殊交易的会计处理

第四十七条 母公司购买子公司少数股东拥有的子公司股权，在合并财务报表中，因购买少数股权新取得的长期股权投资与按照新增持股比例计算应享有子公司自购买日或合并日开始持续计算的净资产份额之间的差额，应当调整资本公积（资本溢价或股本溢价），资本公积不足冲减的，调整留存收益。

第四十八条 企业因追加投资等原因能够对非同一控制下的被投资方实施控制的，在合并财务报表中，对于购买日之前持有的被购买方的股权，应当按照该股权在购买日的公允价值进行重新计量，公允价值与其账面价值的差额计入当期投资收益；购买日之前持有的被购买方的股权涉及权益法核算下的其他综合收益等的，与其相关的其他综合收益等应当转为购买日所属当期收益。购买方应当在附注中披露其在购买日之前持有的被购买方的股权在购买日的公允价值、按照公允价值重新计量产生的相关利得或损失的金额。

第四十九条 母公司在不丧失控制权的情况下部分处置对子公司的长期股权投资，在合并财务报表中，处置价款与处置长期股权投资相对应享有子公司自购买日或合并日开始持续计算的净资产份额之间的差额,应当调整资本公积(资本溢价或股本溢价),资本公积不足冲减的,调整留存收益。

第五十条 企业因处置部分股权投资等原因丧失了对被投资方的控制权的,在编制合并财务报表时,对于剩余股权,应当按照其在丧失控制权日的公允价值进行重新计量。处置股权取得的对价与剩余股权公允价值之和,减去按原持股比例计算应享有原有子公司自购买日或合并日开始持续计算的净资产的份额之间的差额,计入丧失控制权当期的投资收益,同时冲减商誉。与原有子公司股权投资相关的其他综合收益等,应当在丧失控制权时转为当期投资收益。

第五十一条 企业通过多次交易分步处置对子公司股权投资直至丧失控制权的,如果处置对子公司股权投资直至丧失控制权的各项交易属于一揽子交易的,应当将各项交易作为一项处置子公司并丧失控制权的交易进行会计处理;但是,在丧失控制权之前每一次处置价款与处置投资对应的享有该子公司净资产份额的差额,在合并财务报表中应当确认为其他综合收益,在丧失控制权时一并转入丧失控制权当期的损益。

处置对子公司股权投资的各项交易的条款、条件以及经济影响符合下列一种或多种情况,通常表明应将多次交易事项作为一揽子交易进行会计处理:

(一)这些交易是同时或者在考虑了彼此影响的情况下订立的。

(二)这些交易整体才能达成一项完整的商业结果。

(三)一项交易的发生取决于其他至少一项交易的发生。

（四）一项交易单独考虑时是不经济的，但是和其他交易一并考虑时是经济的。

第五十二条 对于本章未列举的交易或者事项，如果站在企业集团合并财务报表角度的确认和计量结果与其所属的母公司或子公司的个别财务报表层面的确认和计量结果不一致的，则在编制合并财务报表时，也应当按照本准则第二十六条第二款第（四）项的规定，对其确认和计量结果予以相应调整。

第五章 衔接规定

第五十三条 首次采用本准则的企业应当根据本准则的规定对被投资方进行重新评估，确定其是否应纳入合并财务报表范围。因首次采用本准则导致合并范围发生变化的，应当进行追溯调整，追溯调整不切实可行的除外。比较期间已丧失控制权的原子公司，不再追溯调整。

第六章 附则

第五十四条 本准则自 2014 年 7 月 1 日起施行。

第二部分
《企业会计准则第 33 号
——合并财务报表》应用指南

目　　录

第一章　总则 …………………………………………… 25
　　一、合并财务报表概述 ………………………………… 25
　　二、关于编制合并财务报表的豁免规定 ………… 25
第二章　合并范围 ……………………………………… 26
　　一、投资方拥有对被投资方的权力 ……………… 26
　　二、因参与被投资方的相关活动而享有可变回报 …… 44
　　三、有能力运用对被投资方的权力
　　　　影响其回报金额 …………………………………… 45
　　四、对被投资方可分割部分的控制 ……………… 53
　　五、控制的持续评估 ………………………………… 55
　　六、投资性主体 ……………………………………… 56
第三章　合并程序 ……………………………………… 63
　　一、合并财务报表的编制原则 ……………………… 63
　　二、编制合并财务报表的前期准备工作 ………… 64
　　三、合并财务报表格式 ……………………………… 66
　　四、合并财务报表的编制程序 ……………………… 68
　　五、报告期内增减子公司的处理 …………………… 70
　　六、合并财务报表综合案例 ………………………… 72
第四章　特殊交易的会计处理 ………………………… 112
　　一、追加投资的会计处理 …………………………… 112
　　二、处置对子公司投资的会计处理 ………………… 118
　　三、因子公司的少数股东增资而稀释母公司
　　　　拥有的股权比例 …………………………………… 125
　　四、其他特殊交易 …………………………………… 126

第二部分 《企业会计准则第 33 号——合并财务报表》应用指南

第一章 总 则

一、合并财务报表概述

《企业会计准则第 33 号——合并财务报表》（以下简称"本准则"）第二条规定，合并财务报表，是指反映母公司和其全部子公司形成的企业集团整体财务状况、经营成果和现金流量的财务报表。与个别财务报表相比，合并财务报表具有下列特点：

1. 合并财务报表反映的对象是由母公司和其全部子公司组成的会计主体。

2. 合并财务报表的编制者是母公司，但所对应的会计主体是由母公司及其控制的所有子公司所构成的合并财务报表主体（简称为"合并集团"）。

3. 合并财务报表是站在合并财务报表主体的立场上，以纳入合并范围的企业个别财务报表为基础，根据其他有关资料，抵销母公司与子公司、子公司相互之间发生的内部交易，考虑了特殊交易事项对合并财务报表的影响后编制的，旨在反映合并财务报表主体作为一个整体的财务状况、经营成果和现金流量。

二、关于编制合并财务报表的豁免规定

本准则第四条规定，母公司应当编制合并财务报表。如果母公司是投资性主体，且不存在为其投资活动提供相关服务的子公司，则不应编制合并财务报表。除上述情况

外，本准则不允许有其他情况的豁免。

本准则主要规范合并财务报表合并范围的确定及合并财务报表的编制和列报，以及特殊交易在合并财务报表中的处理，不涉及外币财务报表的折算和在子公司权益的披露。外币报表的折算由《企业会计准则第19号——外币折算》（以下简称"外币折算准则"）和《企业会计准则第31号——现金流量表》（以下简称"现金流量表准则"）规范；在子公司权益的披露由《企业会计准则第41号——在其他主体中权益的披露》规范。

第二章 合并范围

本准则第七条规定，合并财务报表的合并范围应当以控制为基础予以确定，不仅包括根据表决权（或类似权利）本身或者结合其他安排确定的子公司，也包括基于一项或多项合同安排决定的结构化主体。

控制，是指投资方拥有对被投资方的权力，通过参与被投资方的相关活动而享有可变回报，并且有能力运用对被投资方的权力影响其回报金额。控制的定义包含三项基本要素：一是投资方拥有对被投资方的权力，二是因参与被投资方的相关活动而享有可变回报，三是有能力运用对被投资方的权力影响其回报金额。在判断投资方是否能够控制被投资方时，当且仅当投资方具备上述三要素时，才能表明投资方能够控制被投资方。

一、投资方拥有对被投资方的权力

投资方拥有对被投资方的权力是判断控制的第一要

素，这要求投资方需要识别被投资方并评估其设立目的和设计、识别被投资方的相关活动以及对相关活动进行决策的机制、确定投资方及涉入被投资方的其他方拥有的与被投资方相关的权利等，以确定投资方当前是否有能力主导被投资方的相关活动。

（一）评估被投资方的设立目的和设计

被投资方可能是一个有限责任公司、股份有限公司、尚未进行公司制改建的国有企业，也可能是一个合伙企业、信托、专项资产管理计划等。在少数情况下，也可能包括被投资方的一个可分割部分。

在判断投资方对被投资方是否拥有权力时，通常要结合被投资方的设立目的和设计。评估被投资方的设立目的和设计，有助于识别被投资方的哪些活动是相关活动、相关活动的决策机制、被投资方相关活动的主导方以及涉入被投资方的哪一方能从相关活动中取得可变回报。

1. 被投资方的设计安排表明表决权是判断控制的决定因素。当对被投资方的控制是通过持有其一定比例表决权或是潜在表决权的方式时，在不存在其他改变决策的安排的情况下，主要根据通过行使表决权来决定被投资方的财务和经营政策的情况判断控制。例如，在不存在其他因素时，通常持有半数以上表决权的投资方控制被投资方，但是，当章程或者其他协议存在某些特殊约定（如，被投资方相关活动的决策需要三分之二以上表决权比例通过）时，拥有半数以上但未达到约定比例等并不意味着能够控制被投资方。

2. 被投资方的设计安排表明表决权不是判断控制的决定因素。当表决权仅与被投资方的日常行政管理活动有关，不能作为判断控制被投资方的决定性因素，被投资方的相关活动可能由其他合同安排规定时，投资方应结合被投资方设计产生的风险和收益、被投资方转移给其他投资方的风险和收益，以及投资方面临的风险和收益等一并判断是否控制被投资方。

需要强调的是，在判断控制的各环节都需要考虑被投资方的设立目的和设计。

【例1】A企业为有限合伙企业，经营期限为3年。A企业将全部资金用于对非关联方B公司的全资子公司C增资，增资完成后，A企业持有C公司60%有表决权的股份，B公司持有C公司40%有表决权的股份。根据协议，B公司将在3年后以固定价格回购A企业持有的C公司股份。C公司是专门建造某大型资产并用于租赁的项目公司，建造期为5年，A企业增资时，该资产已经建造了2年。

本例中，被投资方C公司的相关活动是用5年的时间建造某大型资产，之后以租金的方式取得回报。A企业增资时，C公司的资产建造已经开始，大多与建造事项有关的决策很可能已完成，当A企业的经营期限结束并将持有的C公司股份以固定价格出售给B公司时，C公司刚刚完成建造活动，尚未开始产生回报。因此，A企业并不能主导C公司的相关活动，而且A企业也无法通过参与C公司的相关活动取得可变回报，A企业是通过B公司回购股份的方式收回其投资成本并取得收益的，因此，即使A企业拥有半数以上的表决权，也不能控制被投资方C公司。

（二）识别被投资方的相关活动及其决策机制

1. 被投资方的相关活动。被投资方为经营目的而从事众多活动，但这些活动并非都是相关活动，相关活动是对被投资方的回报产生重大影响的活动。

识别被投资方相关活动的目的是确定投资方对被投资方是否拥有权力。不同企业的相关活动可能是不同的，应当根据企业的行业特征、业务特点、发展阶段、市场环境等具体情况来进行判断，这些活动可能包括但不限于下列活动：(1) 商品或劳务的销售和购买；(2) 金融资产的管理；(3) 资产的购买和处置；(4) 研究与开发；(5) 融资活动。对许多企业而言，经营和财务活动通常对其回报产生重大影响。

【例2】B投资公司由A资产管理公司设立，A公司持有B公司30%有表决权的股份，剩余70%的股份由与A公司无关联关系的公众投资者持有，这些投资者的持股比例十分分散。此外，B公司还向其他公众投资者发行债务工具。B公司使用发行债务工具和权益工具所筹集的资金进行金融资产组合投资，并均投资于债务工具，这样，B公司将可能面临投资本金和利息不能收回的信用风险。为此，双方在协议中明确，当所持金融资产组合投资出现违约事项时，B公司的权益工具持有人首先承担由违约事项带来的损失，在违约事项带来的损失超过权益工具金额之后，剩余损失由债务工具持有人承担；在违约事项带来的损失超过权益工具金额之前，A公司管理B公司的投资组合；在违约事项带来的损失超过权益工具金额之后，由债务工具持有人指定的其他方管理B公司存在违约事项的资产及剩余金融资产的投资。

本例中，在未发生违约事项或违约事项带来的损失小于权益工具金额的情况下，B公司的相关活动是金融资产投资组合的管理，而在违约事项带来的损失超过权益工具的金额后，B公司的相关活动转变为对存在违约事项的资产及剩余金融资产投资的管理。同一公司不同时间的相关活动不同，需要进一步判断哪一相关活动为最显著影响其可变回报的相关活动。

2. 被投资方相关活动的决策机制。投资方是否拥有权力，不仅取决于被投资方的相关活动，还取决于对相关活动进行决策的方式，例如，对被投资方的经营、融资等活动作出决策（包括编制预算）的方式，任命被投资方的关键管理人员、给付薪酬及终止劳动合同关系的决策方式等。

相关活动一般由企业章程、协议中约定的权力机构（例如股东会、董事会）来决策，特殊情况下，相关活动也可能根据合同协议约定等由其他主体决策，如专门设置的管理委员会等。有限合伙企业的相关活动可能由合伙人大会决策，也可能由普通合伙人或者投资管理公司等决策。

被投资方通常从事若干相关活动，并且这些活动可能不是同时进行。本准则第十条规定，当两个或两个以上投资方能够分别单方面主导被投资方的不同相关活动时，能够主导对被投资方回报产生最重大影响的活动的一方拥有对被投资方的权力，此时，通常需要考虑的因素包括：（1）被投资方的设立目的和设计；（2）影响被投资方利润率、收入和企业价值的决定因素；（3）每一投资方有关上述因素的决策职权范围及其对被投资方回报的影响程度；（4）投资方承担可变回报风险的大小。

【例3】A公司和B公司共同投资设立C公司。C公司的主营业务活动为药品研发和销售。根据C公司章程和合资协议的约定，在所研发药品获得相关监管部门的生产批准前，A公司可以单方面主导C公司药品研发活动，而在获得相关监管部门的生产批准后,则由B公司单方面主导该药品的生产和营销决策。

本例中,C公司的药品研发、生产和营销活动均会对C公司的回报产生重大影响。投资方在判断是否对C公司拥有权力时,除了需要结合上述四点进行综合分析以外,还需要考虑下列因素:获得监管部门批准的不确定性和难易程度、被投资方成功开发药品并获取生产批准的历史纪录、产品定位、当前药品所处的开发阶段、所需开发时间、同类药品开发的难易程度、取得同类药品营销渠道的难易程度、开发完成后可实际控制该药品相关经营活动的投资方等。

(三) 确定投资方拥有的与被投资方相关的权力

通常情况下,当被投资方从事一系列对其回报产生显著影响的经营及财务活动,且需要就这些活动连续地进行实质性决策时,表决权或类似权利本身或者结合其他安排,将赋予投资方拥有权力。但在一些情况下,表决权不能对被投资方回报产生重大影响(例如,表决权可能仅与日常行政活动有关),被投资方的相关活动由一项或多项合同安排决定。

1. 投资方拥有多数表决权的权力。表决权是对被投资方经营计划、投资方案、年度财务预算方案和决算方案、利润分配方案和弥补亏损方案、内部管理机构的设置、聘任或解聘公司经理及确定其报酬、公司的基本管理制度等事项进行表决而持有的权利。表决权比例通常与其出资比例或持股比例是一致的,但公司章程另有规定的除外。

通常情况下,当被投资方的相关活动由持有半数以上表决权的投资方决定,或者主导被投资方相关活动的管理层多数成员(管理层决策由多数成员表决通过)由持有半数以上表决权的投资方聘任时,无论该表决权是否行使,持有被投资方过半数表决权的投资方拥有对被投资方的权力,但下述两种情况除外:

一是存在其他安排赋予被投资方的其他投资方拥有对被投资方的权力。例如,存在赋予其他方拥有表决权或实质性潜在表决权的合同安排,且该其他方不是投资方的代理人时,投资方不拥有对被投资方的权力。

二是投资方拥有的表决权不是实质性权利。例如,有确凿证据表明,由于客观原因无法获得必要的信息或存在法律法规的障碍,投资方虽持有半数以上表决权但无法行使该表决权时,该投资方不拥有对被投资方的权力。

投资方在判断是否拥有对被投资方的权力时,应当仅考虑与被投资方相关的实质性权利,包括自身所享有的实质性权利以及其他方所享有的实质性权利。

(1)实质性权利。本准则第十一条规定,实质性权利是持有人在对相关活动进行决策时有实际能力行使的可执行权利。判断一项权利是否为实质性权利,应当综合考虑所有相关因素,包括权利持有人行使该项权利是否存在财务、价格、条款、机制、信息、运营、法律法规等方面的障碍;当权利由多方持有或者行权需要多方同意时,是否存在实际可行的机制使得这些权利持有人在其愿意的情况下能够一致行权;权利持有人是否可从行权中获利等。实质性权利通常是当前可执行的权利,但某些情况下当前不可行使的权利也可能是实质性权利。

【例4】投资方持有一份将于25天后结算的远期股权

购买合同，该合同赋予投资方行权后能够持有被投资方的多数表决权股份。另外，能够对被投资方相关活动进行决策的最早时间是30天后才能召开的特别股东大会。其他投资方不能对被投资方相关活动现行的政策作出任何改变。

本例中，虽然投资方持有的远期股权购买合同25天后才能结算，不是当前可执行的权利，但是由于股东大会最早召开的时间在30天后，晚于远期合同的可行权日（25天后），在投资方执行远期合同之前，没有其他任何一方可以改变与被投资方的相关活动有关的决策。因此，虽然该权利当前不可执行，但仍然为一项实质性权利。

对于投资方拥有的实质性权利，即便投资方并未实际行使，也应在评估投资方是否对被投资方拥有权力时予以考虑。

有时，其他投资方也可能拥有可行使的实质性权利，使得投资方不能控制被投资方。其他投资方拥有的可行使的实质性权利包括提出议案的主动性权利和对议案予以批准或否定的被动性权利，当这些权利不仅仅是保护性权利时，其他方拥有的这些权利可能导致投资方不能控制被投资方。

（2）保护性权利。本准则第十二条规定，保护性权利仅为了保护权利持有人利益却没有赋予持有人对相关活动的决策权。通常包括应由股东大会（或股东会，下同）行使的修改公司章程，增加或减少注册资本，发行公司债券，公司合并、分立、解散或变更公司形式等事项持有的表决权。例如，少数股东批准超过正常经营范围的资本性支出或发行权益工具、债务工具的权利。再如，贷款方限制借款方从事损害贷款方权利的活动的权利，这些活动将对借款方信用风险产生不利影响从而损害贷款方权利，以及贷款方在借款方发生违约行为时扣押其资产的权利等。

保护性权利通常只能在被投资方发生根本性改变或某些例外情况发生时才能够行使，它既没有赋予其持有人对被投资方拥有权力，也不能阻止被投资方的其他投资方对被投资方拥有权力。仅享有保护性权利的投资方不拥有对被投资方的权力。

保护性权利通常只能在被投资方发生根本性改变或某些例外情况发生时才能够行使，但并不是所有在例外情况下行使的权利或在不确定事项发生时才能行使的权利都是保护性权利。例如，当被投资方的活动和回报已被预先设定，只有在发生某些特定事项时才需要进行决策，且这些决策将对被投资方的回报产生重大影响时，这些特定事项引发的活动才属于相关活动，就此行使的权利就不是保护性权利。对于有权主导这些相关活动的投资者，在判断其对被投资方是否拥有权力时，不需要考虑这些特定事项是否已经发生。

对于被投资方作为特许权经营方（被特许人）的情况，特许经营协议通常赋予特许人保护特许品牌的权利，也赋予特许人一些与被特许人经营相关的决策权。一般而言，这些权利并不限制其他方作出对被特许人回报产生重大影响的决策权利，也不一定使得特许人当前有能力主导对被特许人的相关活动。被特许人依据特许经营协议的条款能够自行决定其业务运营。在对被投资方进行分析时，需要区分两种不同的权利：一是当前有能力作出对被特许人回报产生重大影响的决策权利，二是有能力作出保护特许品牌的决策权利。被特许人的法律形式和资本结构等基本决策也可以由特许人之外的其他方行使并会对被特许人的回报产生重大影响。当其他方享有现时权利使其当前有能力主导被特许人的相关活动时，特许人没有拥有对被特许人的权力。特许人提供的财务支持越少，特许人面临的被特许人的、回报的可变性越小，则特许人就越有可能只拥有保护性权利。

投资方持有被投资方半数以上表决权的情况通常包括如下三种：一是投资方直接持有被投资方半数以上表决权，二是投资方间接持有被投资方半数以上表决权，三是投资方以直接和间接方式合计持有被投资方半数以上表决权。

2. 投资方持有被投资方半数或以下表决权，但通过与其他表决权持有人之间的协议能够控制半数以上表决权。投资方自己持有的表决权虽然只有半数或以下，但通过与其他表决权持有人之间的协议使其可以持有足以主导被投资方相关活动的表决权，从而拥有对被投资方的权力。该类协议安排需确保投资方能够主导其他表决权持有人的表决，即，其他表决权持有人按照投资方的意愿进行表决，而不是投资方与其他表决权持有人协商并根据双方协商一致的结果进行表决。

3. 投资方拥有多数表决权但没有权力。确定持有半数以上表决权的投资方是否拥有权力，关键在于该投资方现时是否有能力主导被投资方的相关活动。当其他投资方现时有权力能够主导被投资方的相关活动，且其他投资方不是投资方的代理人时，投资方就不拥有对被投资方的权力。当表决权不是实质性权利时，即使投资方持有被投资方多数表决权，也不拥有对被投资方的权力。例如，被投资方相关活动被政府、法院、管理人、接管人、清算人或监管人等其他方主导时，投资方虽然持有多数表决权，但也不可能主导被投资方的相关活动。被投资方自行清算的除外。

4. 持有被投资方半数或半数以下表决权。

持有半数或半数以下表决权的投资方（或者虽持有半数以上表决权，但表决权比例仍不足以主导被投资方相关活动的投资方，本部分以下同），应综合考虑下列事实和情况，以判断其持有的表决权与相关事实和情况相结合是否赋予投资方拥有对被投资方的权力。

（1）投资方持有的表决权份额相对于其他投资方持有的表决权份额的大小，以及其他投资方持有表决权的分散程度。投资方持有的绝对表决权比例或相对于其他投资方持有的表决权比例越高，其现时能够主导被投资方相关活动的可能性越大；为否决投资方意见而需要联合的其他投资方越多，投资方现时能够主导被投资方相关活动的可能性越大。

【例5】A公司持有B公司48%有表决权股份，剩余股份由分散的小股东持有，所有小股东单独持有的有表决权股份均未超过1%，且他们之间或其中一部分股东均未达成进行集体决策的协议。

本例中，在判断A公司是否拥有对B公司的权力时，由于A公司虽然持有的B公司有表决权的股份（48%）不足50%，但是，根据其他股东持有股份的相对规模及其分散程度，且其他股东之间未达成集体决策协议等情况，可以判断A公司拥有对B公司的权力。

（2）投资方和其他投资方持有的潜在表决权。潜在表决权是获得被投资方表决权的权利，例如，可转换工具、可执行认股权证、远期股权购买合同或其他期权所产生的权利。确定潜在表决权是否赋予其持有者权力时需要考虑下列三方面：

①潜在表决权工具的设立目的和设计，以及投资方涉入被投资方其他方式的目的和设计。

②潜在表决权是否为实质性权利，判断控制仅考虑满足实质性权利要求的潜在表决权。

③投资方是否持有其他表决权或其他与被投资方相关的表决权，这些权利与投资方持有的潜在表决权结合后是否赋予投资方拥有对被投资方的权力。

【例6】A公司与B公司分别持有被投资方70%及30%有表决权的股份。A公司与B公司签订的期权合同规定，B公司可以在当前及未来两年内以固定价格购买A公司持有的被投资方50%有表决权股份，该期权在当前及预计未来两年内都是深度价外期权（即依据期权合约的条款设计，使得买方B公司到期前行权的可能性极小）。历史上，A公司一直通过表决权主导被投资方的相关活动。

本例中，B公司当前持有购买A公司有表决权股份的可行使期权，如果行使该期权，将使B公司持有被投资方80%有表决权的股份。但由于这些期权在当前及预计未来两年内都是深度价外期权，B公司无法从该期权的行使中获利，因此，这些期权并不构成实质性权利，在评估B公司是否拥有对被投资方的权力时不应予以考虑。

【例7】A公司与其他两个投资方各自持有被投资方三分之一的表决权。除了权益工具外，A公司同时持有被投资方发行的可转换债券，这些可转换债券可以在当前及未来两年内任何时间以固定价格转换为被投资方的普通股。按照该价格，当前该期权为价外期权，但非深度价外期权。被投资方的经营活动与A公司密切相关（例如，降低

A公司的运营成本、确保稀缺产品的供应等）。如可转换债券全部转换为普通股，A公司将持有被投资方60%的表决权。

本例中，可转换债券到期可转换为普通股且全部转换为普通股后，A公司将持有被投资方60%的表决权，而其他两个投资方各持有被投资方20%的表决权，据此可以判断A公司能够主导被投资方的相关活动并从中获益。因此，A公司持有的潜在表决权为实质性权利。A公司持有的表决权与实质性潜在表决权相结合，使得A公司拥有对被投资方的权力。

（3）其他合同安排产生的权利。投资方可能通过持有的表决权和其他决策权相结合的方式使其当前能够主导被投资方的相关活动。例如，合同安排赋予投资方能够聘任被投资方董事会或类似权力机构多数成员，这些成员能够主导董事会或类似权力机构对相关活动的决策。但是，在不存在其他权利时，仅仅是被投资方对投资方的经济依赖（如供应商和其主要客户的关系）不会导致投资方对被投资方拥有权力。

【例8】A公司持有B公司40%有表决权股份，其他12个投资方各持有B公司5%有表决权股份，且他们之间或其中一部分股东之间不存在进行集体决策的协议。根据全体股东协议，A公司有权聘任或解聘董事会多数成员，董事会主导被投资者的相关活动。

本例中，A公司持有的B公司有表决权股份（40%）不足50%，且其他12个投资方各持有B公司5%有表决权股份，根据A公司自身持有股份的绝对规模和其他股东的相对规模，难以得出A公司对B公司拥有权力。但是，综合考虑全体股东协议授予A公司聘任或解聘董事会多数成员,以及其他股东之间不存在集体决策的协议,可以判断A公司对B公司拥有权力。

(4)其他相关事实或情况。如果根据上述第(1)至(3)项所列因素尚不足以判断投资方是否控制被投资方,根据本准则第十六条,应综合考虑投资方享有的权利、被投资方以往表决权行使情况及下列事实或情况进行判断:

①投资方是否能够任命或批准被投资方的关键管理人员,这些关键管理人员能够主导被投资方的相关活动。

②投资方是否能够出于自身利益决定或者否决被投资方的重大交易。

③投资方是否能够控制被投资方董事会等类似权力机构成员的任命程序,或者从其他表决权持有人手中获得代理投票权。

④投资方与被投资方的关键管理人员或董事会等类似权力机构中的多数成员是否存在关联关系(例如,被投资方首席执行官与投资方首席执行官为同一人)。

⑤投资方与被投资方之间是否存在特殊关系。在评价投资方是否拥有对被投资方的权力时,应当适当考虑这种特殊关系的影响,这种特殊关系可能为投资方享有权力提供了证据。特殊关系通常包括:被投资方的关键管理人员是投资方的现任或前任职工,被投资方的经营活动依赖于投资方(例如,被投资方依赖于投资方提供经营活动所需的大部分资金,投资方为被投资方的大部分债务提供了担保,被投资方在关键服务、技术、供应或原材料方面依赖于投资方,投资方掌握了诸如专利权、商标等对被投资方经营而言至关重要的资产,被投资方依赖于投资方为其提供具备与被投资方经营活动相关专业知识等的关键管理人员等),被投资方活动的重大部分有投资方参与其中或者

是以投资方的名义进行,投资方自被投资方承担可变回报的风险(或享有可变回报的收益)的程度远超过其持有的表决权或其他类似权利的比例(例如,投资方承担或有权获得被投资方回报的比例为70%,但仅持有不到半数的表决权)等。

投资方持有被投资方表决权比例越低,否决投资方提出的关于相关活动的议案所需一致行动的其他投资者数量越少,投资者就越需要在更大程度上运用上述证据,以判断是否拥有主导被投资方相关活动的权力。

在被投资方的相关活动是通过表决权进行决策的情况下,当投资方持有的表决权比例不超过半数时,投资方在考虑了所有相关情况和事实后仍不能确定投资方是否拥有被投资方的权力的,投资方不控制被投资方。

【例9】A公司持有B公司45%有表决权股份,其他11个投资方各持有B公司5%有表决权股份。

本例中,根据A公司持有股份的绝对规模和与其他股东股份的相对规模难以判断A公司对B公司拥有权力。需要考虑其他事实和情况提供的证据,以判断A公司是否拥有对B公司的权力。

5. 权力来自表决权之外的其他权利。投资方对被投资方的权力通常来自表决权,但有时,投资方对一些主体的权力不是来自表决权,而是由一项或多项合同安排决定。例如,证券化产品、资产支持融资工具、部分投资基金等结构化主体。结构化主体,是指在确定其控制方时没有将表决权或类似权利作为决定因素而设计的主体。主导该主体相关活动的依据通常是合同安排或其他安排形式。有关结构化主体的判断见《企业会计准则第41号——在其他主体中权益的披露》。

由于主导结构化主体的相关活动不是来自表决权（或类似权利），而是由合同安排决定，这无形中加大了投资方有关是否拥有对该类主体权力的判断难度。本准则第十五条规定，投资方需要评估合同安排，以评价其享有的权利是否足够使其拥有对被投资方的权力。在评估时，投资方通常应考虑下列四方面：

（1）在设立被投资方时的决策及投资方的参与度。在评估被投资方的设立目的和设计时，投资者应考虑设立被投资方时的决策及投资方的参与度，以判断相关交易条款与参与特点是否为投资方提供了足以获得权力的权利。参与被投资方的设立本身虽然不足以表明参与方控制被投资方，但可能使参与方有机会获得使其拥有对被投资方权力的权利。

（2）相关合同安排。投资方需考虑结构化主体设立之初的合同安排是否赋予投资方主导结构化主体相关活动的权利。例如，看涨期权、看跌期权、清算权等可能为投资方提供权力的合同安排。在评估对结构化主体是否拥有权力时，应当考虑投资方在这些合同安排中享有的决策权。

（3）仅在特定情况或事项发生时开展的相关活动。结构化主体的活动及其回报在其设计时就已经明确，除非特定情况或事项发生。当特定情况或事项发生时，只有对结构化主体回报产生重大影响的活动才属于相关活动。相应地，对这些相关活动具有决策权的投资方才享有权力。决策权依赖于特定情况或特定事件的发生这一事实本身并不表示该权利为保护性权利。

（4）投资方对被投资方做出的承诺。为确保结构化主体持续按照原定设计和计划开展活动，投资方可能会做出一些承诺（包括明确的承诺和暗示性的承诺），因而可能会扩大投资方承担的可变回报风险，由此促使投资方更有动机获取足够多的权利，使其能够主导结构化主体的相关活动。投资方作出的确保此类主体遵守原定设计经营的承诺可能是投资方拥有权力的迹象，但其本身并不赋予投资方权力，也不会阻止其他方拥有权力。

【例10】A公司为一家小额贷款公司，发起设立主体C，A公司向主体C转让一个资产池，其中包含多笔A公司向不同的第三方发放的期限在12个月内的小额贷款。主体C经批准以该资产池为基础资产公开发行一项资产管理计划，计划存续期为3年，存续期内分期发行，每期期限为1年。第三方投资者共认购该计划75%的份额（每个单一投资者认购的比例都小于0.5%），A公司认购剩余25%的份额。

根据主体C设立时订立的章程和协议安排，主体C唯一的经营活动是按照既定的还款计划向贷款人收取本金和利息，并在收到款项后，在既定时间内扣除按与市场水平相当的费率计算的固定比例收取的手续费后，将款项按份额比例支付给资产管理计划的投资方。主体C日常活动的事务，如人事、财务、行政等管理事务均由与A公司和主体C不存在关联关系的第三方资产管理公司B负责管理并按市价收取管理费。资产管理计划存续期间的所有相关资金流均由独立于各方的第三方银行D托管并按市价收取资金托管费。

如果主体C在既定还款时间收取既定的款项，主体C则按照投资者的投资比例将收取的款项分配给投资者。如果主体C未能在既定的还款时间内收取既定的款项，主体C则先将已收取的款项按约定比例分配后支付给除A公司以外的投资者，剩余部分再支付给A公司。当应收款项出现违约时，A 公司有权根据违约时间、抵押品情况、违约方信用等级调整主体 C 下一步的收款计划。当已收取的款项已经无法向除 A 公司以外的投资方进行足额支付时，主体 C 按照某一事先约定的价格将应收款项全部出售给 A 公司，由 A 公司开展进一步的收款或者债务重组安排。

本例中，第一，首先判断主体 C 为结构化主体且为被投资方，A 公司参与了主体 C 的设立。主体 C 设立的目的是管理和回收 A 公司发放的小额贷款。A 公司在主体 C 设立时的安排，包括认购资产管理计划的较大份额（25%）、承担劣后偿付的风险（即，如果主体 C 未能在既定的还款时间内收取既定的款项，主体 C 先将已收取的款项按约定比例分配后支付给除 A 公司以外的投资者，剩余部分再支付给 A 公司）以及 A 公司将以固定价格收回全部应收款项（当已收取的款项已经无法向除 A 公司以外的投资方进行足额支付时）的承诺均显示出 A 公司承担了重大的回报可变性，表明其有动机获取对主体 C 权力。

第二，确定主体 C 的相关活动是对违约应收款项的管理活动。原因在于：主体 C 在应收款项违约之前的活动仅仅是按照固定的还款计划向贷款人收取预先确定的款项并过手转交给投资方，同时收取固定比例的收款手续费，主体 C 的回报不存在重大不确定性；在应收款项出现违约时，A 公司根据实际情况管理违约应收款项并调整收款计划的方式，以及按照固定价格收回应收款项的约定都会对主体 C 的回报产生重大影响。因此，主体 C 的相关活动是对违约应收款项的管理活动，即使应收款项出售给 A 公司后，管理违约资产的活动由 A 公司开展而并非在主体 C 的法律框架下开展。

第三，在确定主体 C 的相关活动后，评估投资方对主体 C 的权力时，只应考虑与管理违约应收款项相关的权利，尽管该权利只会在应收款项发生违约的特定情况下才会被运用。当应收款项出现违约时，A 公司有权调整主体 C 下一步的收款计划或者债务重组安排，因此，A 公司享有对主体 C 的权力。

另外，结构化主体在设立后的运营中，由其法律上的权力机构表决的事项通常仅与行政事务相关，表决权对投资方的回报往往不具有重大的直接联系。因此，投资方在评估结构化主体设立目的和设计时，应考虑其被专门设计用于承担回报可变性的类型、投资方通过参与其相关活动是否承担了部分或全部的回报可变性等。

二、因参与被投资方的相关活动而享有可变回报

判断投资方是否控制被投资方的第二项基本要素是，因参与被投资方的相关活动而享有可变回报。本准则第十七条规定，可变回报是不固定的并可能随被投资方业绩而变动的回报，可能是正数，也可能是负数，或者有正有负。投资方在判断其享有被投资方的回报是否变动以及如何变动时，应当根据合同安排的实质，而不是法律形式。例如，投资方持有固定利率的交易性债券投资时，虽然利率是固定的，但该利率取决于债券违约风险及债券发行方的信用风险，因此，固定利率也可能属于可变回报。再如，管理被投资方资产获得的固定管理费也属于可变回报，因为管理者是否能获得此回报依赖于被投资方是否能够产生足够的收益用于支付该固定管理费。其他可变回报的例子包括：

1. 股利、被投资方经济利益的其他分配（例如，被投

资方发行的债务工具产生的利息)、投资方对被投资方投资的价值变动。

2. 因向被投资方的资产或负债提供服务而得到的报酬、因提供信用支持或流动性支持收取的费用或承担的损失、被投资方清算时在其剩余净资产中所享有的权益、税务利益，以及因涉入被投资方而获得的未来流动性。

3. 其他利益持有方无法得到的回报。例如，投资方将自身资产与被投资方的资产一并使用，以实现规模经济，达到节约成本、为稀缺产品提供资源、获得专有技术或限制某些运营或资产，从而提高投资方其他资产的价值。

投资方的可变回报通常体现为从被投资方获取股利。受法律法规的限制，投资方有时无法通过分配被投资方利润或盈余的形式获得回报，例如，当被投资方的法律形式为信托机构时，其盈利可能不是以股利形式分配给投资者。此时，需要根据具体情况，以投资方的投资目的为出发点，综合分析投资方是否获得除股利以外的其他可变回报，被投资方不能进行利润分配并不必然代表投资方不能获取可变回报。

另外，即使只有一个投资方控制被投资方，也不能说明只有该投资方才能获取可变回报。例如，少数股东可以分享被投资方的利润。

【例11】见【例10】。由于A公司认购了主体C发行资产计划25%的份额，由此承担了主体C应收款项无法收回时本金和利息损失的重大风险。此外，A公司认购的份额还属于劣后偿付级别，且A公司将以固定价格收回全部应收款项（当已收取的款项已经无法向除A公司以外的投资方进行足额支付时），这些情况表明，与其他投资方相比，A公司承担了更大的回报可变性。A公司承担的可变回报与其对主体C所拥有的权力密切相关。

本例中，A公司通过行使其对主体C所拥有的权力主导主体C的相关活动（即对违约应收款项的管理），这一权力的实际行使情况将直接影响到A公司从主体C获得的可变回报。

综合上述及【例10】中的分析，A公司享有对主体C的控制权，应将主体C纳入合并范围。

三、有能力运用对被投资方的权力影响其回报金额

判断控制的第三项基本要素是，有能力运用对被投资方的权力影响其回报金额。只有当投资方不仅拥有对被投资方的权力、通过参与被投资方的相关活动而享有可变回报，并且有能力运用对被投资方的权力来影响其回报的金额时，投资方才控制被投资方。因此，本准则第十八条规定，拥有决策权的投资方在判断是否控制被投资方时，需要考虑其决策行为是以主要责任人（即，实际决策人）的身份进行还是以代理人的身份进行。此外，在其他方拥有决策权时，投资方还需要考虑其他方是否是以代理人的身份代表该投资方行使决策权。

（一）投资方的代理人

代理人是相对于主要责任人而言的，代表主要责任人行动并服务于该主要责任人的利益。主要责任人可能将其对被投资方的某些或全部决策权授予代理人，但在代理人代表主要责任人行使决策权时，代理人并不对被投资方拥有控制。主要责任人的权力有时可以通过代理人根据主要

责任人的利益持有并行使，但权力行使人不会仅仅因为其他方能从其行权中获益而成为代理人。

在判断控制时，代理人的决策权应被视为由主要责任人直接持有，权力属于主要责任人而非代理人，因此，投资方应当将授予代理人的决策权视为自己直接持有的决策权，即使被投资方有多个投资方且其中两个或两个以上投资方有代理人。

决策者在确定其是否为代理人时，根据准则第十九条规定，应综合考虑该决策者与被投资方以及其他方之间的关系，尤其需要考虑下列四项：

1. 决策者对被投资方的决策权范围。在评估决策权范围时，应考虑相关协议或法规允许决策者决策的活动，以及决策者对这些活动进行决策时的自主程度。与该评估相关的因素包括但不限于：被投资方的设立目的与设计、被投资方面临的风险及转移给其他投资方的风险，以及决策者在设计被投资方过程中的参与程度。例如，如果决策者参与被投资方设计的程度较深（包括确定决策权范围），则可能表明决策者有机会，也有动机获得使其有能力主导相关活动的权利，但这一情况本身并不足以认定决策者必然能够主导相关活动。允许决策者（如资产管理人）主导被投资方相关活动的决策权范围越广，越能表明决策者拥有权力，但并不意味着该决策者一定是主要责任人。

2. 其他方享有的实质性权利。其他方享有的实质性权利可能会影响决策者主导被投资方相关活动的能力。其他方持有实质性罢免权或其他权利并不一定表明决策者是代理人。存在单独一方拥有实质性罢免权并能够无理由罢免决策者的事实，足以表明决策者是代理人。当拥有此权利者超过一方，且不存在未经其他方同意即可罢免决策者的一方时，这些权利本身不足以表明决策者为其他方的代理人。在罢免决策者时需要联合起来行使罢免权的各方的数量越多，决策者的其他经济利益（即薪酬和其他利益）的比重和可变动性越强，则其他方所持有的权利在判断决策者是否是代理人时的权重就越轻。

在判断决策者是否是代理人时，应考虑其他方所拥有的限制决策者决策的实质性权利，这与考虑上述罢免权的方法相似。例如，决策者决策所需取得认可的其他方的数量越少，该决策者越有可能是代理人。在考虑其他方持有的权利时，应评估被投资方董事会（或其他权力机构）可行使的权利及其对决策权的影响。

3. 决策者的薪酬水平。相对于被投资方活动的预期回报，决策者薪酬的比重（量级）和可变动性越大，决策者越有可能不是代理人。当同时满足下列两项时，决策者有可能是代理人：一是决策者的薪酬与其所提供的服务相称；二是薪酬协议仅包括在公平交易基础上有关类似服务和技能水平商定的安排中常见的条款、条件或金额。决策者不能同时满足上述两个条件的，不可能是代理人。

4. 决策者因持有被投资方的其他利益而承担可变回报的风险。持有被投资方其他利益表明该决策者可能是主要责任人。对于在被投资方持有其他利益（如对被投资方进行投资或提供被投资方业绩担保）的决策者，在判断其是否为代理人时，应评估决策者因该利益所面临的可变回报的风险。评估时，决策者应考虑：

（1）决策者享有的经济利益（包括薪酬和其他利益）的比重和可变动性。决策者享有的经济利益的比重和可变动性越大，该决策者越有可能是主要责任人。

（2）决策者面临的可变回报风险是否与其他投资方不

同，如果是，这些不同是否会影响其行为。例如，决策者持有次级权益，或向被投资方提供其他形式的信用增级，表明决策者可能是主要责任人。

决策者还应评估所承担的可变回报风险相对于被投资方回报总体变动的风险而言的程度。该评估主要应根据预期从被投资方的活动中得到的回报，但也应考虑决策者通过持有其他利益而承担的被投资方可变回报的最大风险。

综合上述四项因素的分析，当存在单独一方持有实质性罢免权并能无理由罢免决策者时，决策者属于代理人。除此以外，需综合考虑上述四项因素以判断决策者是否作为代理人行使决策权。

【例12】某主体A作为资产管理人发起设立一项投资计划，为多个投资者提供投资机会。主体A在投资授权设定的范围内，以全体投资者的利益最大化为前提作出决策，并拥有较大主导投资计划相关活动的决策权，包括具体资产的配置、买入卖出时点以及投资资产出现风险时（如信用违约等）的后续管理等。主体A按照计划资产净值的1%加上达到特定盈利水平后投资计划利润的20%收取管理费，该管理费符合市场和行业惯例，与主体A提供的服务相称。

本例假定：参与该计划的投资者人数较多，单个投资者的投资比例均小于0.5%且投资者之间不存在关联关系；该投资计划设有年度投资者大会，经出席该会议的投资者所持份额的三分之二以上一致通过，可以罢免主体A的资产管理人资格，不存在可以无理由罢免主体A的资产管理人资格的单独一方的投资者；主体A自身持有该投资计划2%的份额，主体A没有为该计划的其他投资者提供保证其收回初始投资及最低收益率的承诺，主体A对超过其

2%投资以外的损失不承担任何义务。

本例中，由于没有任何一方可以无条件罢免主体A的资产管理人资格，因此，主体A在确定其是投资计划的主要责任人还是代理人时需要结合其他因素进一步分析。

主体A对于投资计划享有较大的决策权，可以主导投资计划的相关活动。虽然投资计划设立了年度投资者大会，但由于投资者人数较多，且单个投资者之间不存在关联关系，不太可能出现较多非关联的投资者集合在一起进行表决并否决主体A的情况。因此，结合主体A的决策权范围和其他方持有的权利，可以得出主体A拥有对该投资计划的权力。

主体A收取的管理费与其服务相称这一事实表明，主体A可能作为代理人行使权力。为进一步判断主体A是否为代理人，还需要考虑主体A持有的份额，主体A还持有该投资计划2%的份额，该投资加大了主体A面临的可变回报风险，但该风险尚未重大到表明主体A是主要责任人的程度。

根据上述分析，主体A为该投资计划的代理人。

【例13】见【例12】。本例假定：在主体A违反合同的情况下，其他投资者有权罢免主体A。主体A自身持有该投资计划20%的份额，主体A没有为该计划的其他投资者提供保证收回初始投资及最低收益率的承诺，主体A没有对超过该20%的投资承担任何额外损失的义务。

本例中，投资方有权在主体A违约时罢免主体A。由于该权利只有在主体A违约时才能行使，该权利属于保护性权利，但是，主体A通过与其服务相称的管理费以及20%的直接投资承担并有权获取投资计划的可变回报，且该回报的比重和可变动性均较为重大的情况表明，主体A

通过对投资计划行使权力而影响其回报的金额和程度较大,主体A享有较大的实质性权利。因此,主体A为该投资计划的主要责任人。

在不同事实和情况下(例如,资产管理人的薪酬或其他因素不同),形成控制所要求的投资比例可能会不同。

【例14】见【例12】。本例假定:投资计划设有董事会,所有董事都独立于主体A,并由其他投资者任命。董事会每年任命资产管理人。如果董事会决定不再继续聘任主体A,主体A提供的服务可以由同行业的其他主体接替。主体A自身持有该投资计划20%的份额,主体A没有为该计划的其他投资者提供保证收回初始投资及最低收益率的承诺,主体A没有对超过该20%的投资承担任何额外损失的义务。

本例中,主体A收取的管理费以及持有的20%投资表明,主体A承担并有权获取投资计划的可变回报,并且该回报的比重和可变动性足以表明其是主要责任人,但是,独立于主体A的投资者组成的董事会可以罢免主体A,这样,有权任命董事的其他投资者拥有罢免主体A的实质性权利。因此,应综合考虑董事会的构成、决策机制等情况判断该罢免权是否为实质性权利。如果该罢免权属于实质性权利,则在分析主体A是否为代理人时,应给予该项实质性罢免权以更大的权重。因此,尽管主体A拥有较大的决策权,并面临重大的可变回报风险,如果综合相关因素判断其他投资者享有实质性罢免权,则表明主体A是代理人。

【例15】见【例12】。本例假定:在主体A违反合同的情况下,其他投资者有权罢免主体A。主体A自身持有该投资计划5%的份额,主体A为该投资计划的其他投资者提供了保证收回初始投资的承诺。

本例中，主体A拥有对该投资计划的实质性权利，其他投资者拥有的罢免权为保护性权利。尽管主体A通过管理费以及5%的投资面临的可变回报风险不足以表明主体A是主要责任人，但主体A为计划的其他投资者提供保证本金收回的事实表明，主体A承担的可变回报风险较大，同时表明，主体A所面临的可变回报风险与其他投资者不同。这种情况下，应进一步结合投资计划可能的业绩情况，评估主体A承担的可变回报风险程度（包括考虑该项可变回报风险的差异是否会影响主体A的行为），从而判断主体A是主要责任人还是代理人。

（二）实质代理人

在判断控制时，投资方应当考虑与所有其他方之间的关系、他们是否代表投资方行动（即，识别投资方的"实质代理人"），以及其他方之间、其他方与投资方之间如何互动。上述关系不一定在合同安排中列明。当投资方（或有能力主导投资方活动的其他方）能够主导某一方代表其行动时，被主导方为投资方的实质代理人。在这种情况下，投资方在判断是否控制被投资方时，应将其实质代理人的决策权以及通过实质代理人而间接承担（或享有）的可变回报风险（或权利）与其自身的权利一并考虑。

根据各方的关系，表明一方可能是投资方的实质代理人的情况包括但不限于：投资方的关联方；因投资方出资或提供贷款而取得在被投资方中权益的一方；未经投资方同意，不得出售、转让或抵押其持有的被投资方权益的一方（不包括此项限制系通过投资方和其他非关联方之间自愿协商同意的情形）；没有投资方的财务支持难以获得资金支持其经营的一方；被投资方权力机构的多数成员或关键管理人员与投资方权力机构的多数成员或关键管理人员相同；与投资方具有紧密业务往来的一方，如专业服务的提供者与其中一家重要客户的关系。

四、对被投资方可分割部分的控制

本准则第二十条规定，投资方通常应当对是否控制被投资方整体进行判断。但在少数情况下，如果有确凿证据表明同时满足下列条件并且符合相关法律法规规定的，投资方应当将被投资方的一部分（以下简称"该部分"）视为被投资方可分割部分，进而判断是否控制该部分：

1. 该部分的资产是偿付该部分负债或该部分其他权益的唯一来源，不能用于偿还该部分以外的被投资方的其他负债；

2. 除与该部分相关的各方外，其他方不享有与该部分资产相关的权利，也不享有与该部分资产剩余现金流量相关的权利。

因此，实质上该部分的所有资产、负债及相关权益均与被投资方的其他部分相隔离，即：该部分的资产产生的回报不能由该部分以外的被投资方其他部分使用，该部分的负债也不能用该部分以外的被投资方资产偿还。

如果被投资方的一部分资产和负债及相关权益满足上述条件，构成可分割部分，则投资方应当基于控制的判断标准确定其是否能够控制该可分割部分，包括考虑该可分割部分的相关活动及其决策机制，投资方是否有能力主导可分割部分的相关活动并据以从中取得可变回报等。如果投资方控制该可分割部分，则应将其进行合并。此时，其他方在考虑是否控制并合并被投资方时，应仅对被投资方的剩余部分进行评估，不包括该可分割部分。

【例16】甲公司和乙公司在2×01年成立了一家合营企业丙公司，生产和销售一种特殊的建筑材料A，甲与乙共同控制丙公司。2×08年，甲公司想继续投资A材料的高端产品A1，由于种种原因，甲公司计划通过丙公司进行A1产品的生产和销售。因此，甲公司、乙公司与丙公司达成如下协议安排：

在丙公司内部设立A1项目部，专门负责A1产品的生产和销售。A1项目部所需要的资金全部由甲公司提供。A1项目独立核算，产生的净利润全部归属于甲公司，其净利润的计算公式为：

A1产品净利润 = 销售A1产品的全部收入 - 能够直接归属于A1项目的全部成本税金及费用 - 按照约定的计算公式分配给A1项目的成本税金及费用

A1项目的所有资产和负债均全部归属于甲公司。A1项目的财务和经营等相关活动的决策完全由甲公司作出，乙公司对此不干涉。

本例中，根据相关法律的规定，丙公司是一个法人主体，如果丙公司被其债务人起诉，要求以丙公司的资产来偿还债务，则可能出现A1项目相关资产被用于偿还A项目负债的情况。因此，A1项目部并非可分割部分，不应认定为可分割部分。

【例17】A公司为有限责任公司，专门从事房地产开发，其主要经营活动为在B地块上开发住宅和商业地产项目。B地块的开发分三期执行，各期地块的开发成本和销售收入分设三个独立子账套进行单独核算管理，但与各期开发相关的开发支出均由A公司作为同一法人主体进行清偿，各期项目相关的营业税、土地增值税及所得税等相关税收也均由 A 公司作为同一纳税主体进行统一申报和清算。各地块的相关经营决策互相独立，其经营损益分别归属于不同的权利人。

本例中，虽然各期开发项目区分了三个账套进行独立核算管理，但是，这并不足以说明其中一期开发项目的有关资产、负债和权益均与其余各期的剩余部分相隔离。各期开发支出和相应税负仍以 A 公司作为单一主体进行清偿就表明某期资产并非仅承担与该期资产相关的负债，某期资产也并非与该期开发相关的负债的唯一支付来源。因此，本例中的各期开发项目并非可分割的部分，不应被认定为可分割部分。

五、控制的持续评估

控制的评估是持续的，当环境或情况发生变化时，投资方需要评估控制的三项基本要素中的一项或多项是否发生了变化。如果有任何事实或情况表明控制的三项基本要素中的一项或多项发生了变化，投资方应重新评估对被投资方是否具有控制。

（一）如果对被投资方的权力的行使方式发生变化，该变化必须反映在投资方对被投资方权力的评估中。例如，决策机制的变化可能意味着投资方不再通过表决权主导相关活动，而是由协议或者合同等其他安排赋予其他方主导相关活动的现时权利。

（二）某些事件即使不涉及投资方，也可能导致该投资方获得或丧失对被投资方的权力。例如，其他方以前拥有的能阻止投资方控制被投资方的决策权到期失效，则可能使投资方因此而获得权力。

（三）投资方应考虑因其参与被投资方相关活动而承担的可变回报风险敞口的变化带来的影响。例如，如果拥有权力的投资方不再享有可变回报（如与业绩相关的管理费合同到期），则该投资方将由于不满足控制三要素的第二要素而丧失对被投资方的控制。

（四）投资方还应考虑其作为代理人或主要责任人的判断是否发生了变化。投资方与其他方之间整体关系的变化可能意味着原为代理人的投资方不再是代理人；反之亦然。例如，如果投资方或其他方的权利发生了变化，投资方应重新评估其代理人或主要责任人的身份。

投资方有关控制的判断结论，或者初始评估其是主要责任人或代理人的结果，不会仅因为市场情况的变化（如因市场情况的变化导致被投资方的可变回报发生变化）而变化，除非市场情况的变化导致控制三要素的一项或多项发生了变化，或导致主要责任人与代理人之间的关系发生变化。

六、投资性主体

本准则第二十一条规定，母公司应当将其全部子公司（包括母公司所控制的被投资单位可分割部分、结构化主体）纳入合并范围。如果母公司是投资性主体，则只应将那些为投资性主体的投资活动提供相关服务的子公司纳入合并范围，其他子公司不应予以合并，应按照公允价值计量且其变动计入当期损益。

一个投资性主体的母公司如果其本身不是投资性主体，则应当将其控制的全部主体，包括投资性主体以及通过投资性主体间接控制的主体，纳入合并财务报表范围。

（一）投资性主体的定义

根据本准则第二十二条，投资性主体的定义中包含了三个需要同时满足的条件：一是该公司以向投资方提供投资管理服务为目的，从一个或多个投资者获取资金；二是该公司的唯一经营目的，是通过资本增值、投资收益或两者兼有而让投资者获得回报；三是该公司按照公允价值对几乎所有投资的业绩进行计量和评价。

1. 以向投资方提供投资管理服务为目的。投资性主体的主要活动是向投资者募集资金，且其目的是为这些投资者提供投资管理服务，这是一个投资性主体与其他主体的显著区别。

2. 唯一经营目的是通过资本增值、投资收益或两者兼有而获得回报。投资性主体的经营目的一般可能通过其设立目的、投资管理方式、投资期限、投资退出战略等体现出来，例如，一个基金在募集说明书中可能说明其投资的目的是为了实现资本增值、一般情况下的投资期限较长、制定了比较清晰的投资退出战略等，这些描述与投资性主体的经营目的是一致的；反之，一个基金的经营目的如果是与被投资方合作开发、生产或者销售某种产品，则说明其不是一个投资性主体。

（1）向投资方或第三方提供投资相关服务。投资性主体为实现其经营目的，可能向投资方或者第三方提供投资咨询、投资管理、投资的日常行政管理及支持等服务，这些服务并不影响该主体符合投资性主体的条件，即使这些服务构成其业务的重要部分，因为这些服务是投资性主体经营的延伸。

（2）向被投资方提供其他服务和支持。投资性主体可能向被投资方提供管理或战略建议服务,或者贷款或担保等财务方面的支持,当这些活动与其获取资本增值或者投资收益的整体目的一致,且这些活动本身并不构成一项单独的重要收入来源时,该主体的经营目的仍然可能符合投资性主体的经营目的。当投资性主体设立专门为被投资方提供投资咨询、投资管理等服务的子公司时,该投资性主体应该合并这一子公司。

(3)投资目的及回报方式。主体有时出于多种目的投资于另一个主体,例如,从事高科技产品研发、生产和销售的企业集团,发起设立了一家基金专门投资于一些尚处于研发初期的创新企业以获取资本增值。同时,企业集团与该基金签订协议,双方约定:如果其中某项高科技产品研发成功,该集团享有优先购买权。这种情况下,该基金的经营目的除了获取资本增值外,还包含了为其企业集团获取新产品开发的渠道,获取资本增值并不是该基金的唯一经营目的,因此,该基金不符合投资性主体的条件。

不符合投资性主体投资目的及回报的情况包括但不仅限于:该主体或其所在企业集团其他成员购买、使用、交换或开发被投资方的流程、资产或技术,该主体与被投资方就开发、生产、销售或提供产品或服务达成合营安排或其他协议,被投资方为该主体的借款提供财务担保或以被投资方的资产作为抵押,该主体的关联方持有的、可从所在集团其他成员处购买该主体持有的被投资方所有者权益的购买选择权,该主体或所在集团其他成员与被投资方的关联方之间的非公允交易、且该交易属于被投资方或该主体经营活动的重大组成部分等。

当主体的投资战略是投资于同一个行业、地区或者市场的多个主体以在被投资方之间形成协同效应时,即使该主体存在上述非公允交易,该主体也不会仅因为被投资方之间的交易而被认定为不符合投资性主体。

(4)退出战略。投资性主体与非投资性主体的一个区别是投资性主体不打算无限期持有其投资。退出战略明确了其退出投资的时间表,没有退出战略,可能表明其计划无限期地持有相关投资。这是因为权益性投资和非金融资产投资通常是无限期持有。将有期限的债务工具持有至到期,可以视为存在退出战略,因为主体不可能无限期持有这类债务工具。没有退出战略的永续债投资,表明可能该主体计划无限期持有。仅针对违约事项的退出机制不被视为退出战略。

3. 按照公允价值对投资业绩进行计量和评价。投资性主体定义的基本要素之一是以公允价值作为其首要的计量和评价属性,因为相对于合并子公司财务报表或者按照权益法核算对联营企业或合营企业的投资而言,公允价值计量所提供的信息更具有相关性。公允价值计量体现在:在会计准则允许的情况下,在向投资方报告其财务状况和经营成果时应当以公允价值计量其投资;向其关键管理人员提供公允价值信息,以供他们据此评估投资业绩或作出投资决策。但投资性主体没有必要以公允价值计量其固定资产等非投资性资产或其负债。

(二)投资性主体的特征

本准则第二十三条规定,投资性主体通常应当具备下列四个特征:一是拥有一个以上投资;二是拥有一个以上投资者;三是投资者不是该主体的关联方;四是该主体的所有者权益以股权或类似权益存在。当主体不完全具备上述四个特征时,需要审慎评估,判断是否有确凿证据证明虽然缺少其中一个或几个特征，但该主体仍然符合投资性主体的定义。

1. 拥有一个以上投资。一个投资性主体通常会同时持有多项投资以分散风险、最大化回报，但通过直接或间接持有对另一投资性主体（该主体持有多项投资）的一项投资的主体也可能是投资性主体。当主体刚设立、尚未寻找到多个符合要求的投资项目，或者刚处置了部分投资、尚未进行新的投资，或者该主体正处于清算过程中时，即使主体仅持有一项投资，该主体仍可能为投资性主体。另外，如果某项投资要求较高的最低出资额，单个投资方很难进行如此高额的投资时，可能设立投资性主体用以募集多个投资方的资金进行集中投资。

2. 拥有一个以上投资者。投资性主体通常拥有多个投资者，拥有多个投资者使投资性主体或其所在企业集团中的其他企业获取除资本增值、投资收益外的收益的可能性减小。当主体刚刚设立、正在积极识别合格投资者，或者原持有的权益已经赎回、正在寻找新的投资者，或者处于清算过程中时，即使主体仅拥有一个投资者，该主体仍可能符合投资性主体的定义。还有一些特殊的投资性主体，其投资者只有一个，但其目的是为了代表或支持一个较大的投资者集合的利益而设立的。例如，某企业设立一个年金基金，其目的是为了支持该企业职工退休后福利，该基金的投资者虽然只有一个，但却代表了一个较大的投资者集合的利益，仍然属于投资性主体。

3. 投资者不是该主体的关联方。投资性主体通常拥有若干投资者，这些投资者既不是其关联方，也不是所在集团中的其他成员，这一情况使得投资性主体或其所在企业集团中的其他企业获取除资本增值、投资收益外的收益的可能性减小。但是，关联投资者的存在并非表明该主体一定不是投资性主体。例如，某基金的投资方之一可能是该基金的关键管理人员出资设立的企业，其目的是更好地激励基金的关键管理人员，这一安排并不影响该基金符合投资性主体的定义。

4. 该主体的所有者权益以股权或类似权益存在。投资性主体通常是单独的法律主体，但没有要求投资性主体必须是单独的法律主体。但无论其采取何种形式，其所有者权益通常采取股权或者类似权益的形式（例如，合伙权益），且净资产按照所有者权益比例份额享有。然而，拥有不同类型的投资者，并且其中一些投资者可能仅对某类或某组特定投资拥有权利，或者不同类型的投资者对净资产享有不同比例的分配权的情况，并不说明该主体不是一个投资性主体。

【例18】A有限合伙企业于2×10年设立，合伙年限为10年。根据合伙协议，A有限合伙企业的设立目的是投资于有潜力高速增长的企业以实现资本增值。H公司作为一般合伙人拥有A有限合伙企业1%的资本，并承担识别合适投资的责任，75%的有限合伙人向A有限合伙企业提供了99%的资本，这些有限合伙人与H公司不存在关联关系。

A有限合伙企业成立当年，没有合适的投资。2×11年，A有限合伙企业获得对B公司的控制权，2×12年获得对其他5家经营公司的权益投资。除上述情况外，A有限合伙企业不从事其他活动。A有限合伙企业以公允价值计量和评价其投资，并向一般合伙人H公司和其他外部投资者提供这些信息。A有限合伙企业计划在合伙年限内以直接出售、推动某投资公司公开上市后出售该投资公司股份等方式处置这些投资。

本例中，A 有限合伙企业在 2×10 年至 2×12 年符合投资性主体的定义，主要原因如下：一是 A 有限合伙企业的资金主要由有限合伙人提供，并向有限合伙人提供投资管理服务；二是 A 有限合伙企业的唯一活动是向经营公司进行权益投资以实现资本增值，A 有限合伙企业有明确的退出战略；三是 A 有限合伙企业以公允价值计量和评价其投资，并向其投资者提供这些信息。

【例19】A 技术公司设立 B 高新技术基金，以投资于高新技术创业公司而获取资本增值。A 技术公司持有 B 高新技术基金 70% 的权益并且控制该基金，该基金其余 30% 的权益由其他 10 个不相关投资者持有。

A 技术公司同时持有以公允价值购买 B 基金持有投资的选择权，如果行使该选择权，A 技术公司将受益于 B 基金被投资者开发的技术。B 基金没有明确的退出投资的计划，且 B 基金由该基金投资者代理人作为投资顾问管理。

本例中，即使 B 基金的经营目的是为资本增值而进行投资，并向其投资者提供投资管理服务，B 基金也不是投资性主体，主要原因如下：一是 A 公司持有购买 B 基金持有投资的选择权，B 基金被投资方开发的资产将使 A 技术公司受益，这样，除资本增值外，B 基金还提供了其他利益；二是 B 基金的投资计划不包括作为权益投资的投资退出战略，A 技术公司持有的选择权并非由 B 基金控制，也不构成退出战略。

（三）投资性主体的转换

投资性主体的判断需要持续进行，当有事实和情况表明构成投资性主体定义的三项要素发生变化，或者任何典型特征发生变化时，应当重新评估其是否符合投资性主体。

当母公司由非投资性主体转变为投资性主体时，除仅将为其投资活动提供相关服务的子公司纳入合并财务报表范围编制合并财务报表外，企业自转变日起对其他子公司不应予以合并，其会计处理参照部分处置子公司股权但不丧失控制权的处理原则：终止确认与其他子公司相关资产（包括商誉）及负债的账面价值，以及其他子公司相关少数股东权益（包括属于少数股东的其他综合收益）的账面价值，并按照对该子公司的投资在转变日的公允价值确认一项以公允价值计量且其变动计入当期损益的金融资产，同时将对该子公司的投资在转变日的公允价值作为处置价款，其与当日合并财务报表中该子公司净资产（资产、负债及相关商誉之和，扣除少数股东权益）的账面价值之间的差额，调整资本公积（资本溢价或股本溢价），资本公积不足冲减的，调整留存收益。

当母公司由投资性主体转变为非投资性主体时，应将原未纳入合并财务报表范围的子公司于转变日纳入合并财务报表范围，将转变日视为购买日，原未纳入合并财务报表范围的子公司于转变日的公允价值视为购买的交易对价，按照非同一控制下企业合并的会计处理方法进行会计处理。

第三章　合并程序

一、合并财务报表的编制原则

合并财务报表作为财务报表，必须符合财务报表编制的一般原则和基本要求，这些基本要求包括真实可靠、内容完整、重要性等。合并财务报表的编制除了遵循财务报表编制的一般原则和要求外，还应遵循一体性原则，即，合并财务报表反映的是由多个主体组成的企业集团的财务状况、经营成果和现金流量。在编制合并财务报表时应当将母公司和所有子公司作为整体来看待，视为一个会计主体，母公司和子公司发生的经营活动都应当从企业集团这一整体的角度进行考虑，包括对项目重要性的判断。

在编制合并财务报表时，对于母公司与子公司、子公司相互之间发生的经济业务，应当视为同一会计主体的内部业务处理，对合并财务报表的财务状况、经营成果和现金流量不产生影响。另外，对于某些特殊交易，如果站在企业集团角度的确认和计量与个别财务报表角度的确认和计量不同，还需要站在企业集团角度就同一交易或事项予以调整。

二、编制合并财务报表的前期准备工作

合并财务报表的编制涉及多个子公司，为了使编制的合并财务报表准确、全面反映企业集团的真实情况，必须做好一系列的前期准备工作，主要包括以下几个方面：

（一）统一母子公司的会计政策

会计政策是编制财务报表的基础。统一母公司和子公司的会计政策是保证母子公司财务报表各项目反映内容一致的基础。只有在财务报表各项目反映的内容一致的情况下，才能对其进行加总，编制合并财务报表。因此，在编制合并财务报表前，应统一要求子公司所采用的会计政策与母公司保持一致。对一些境外子公司，由于所在国或地

区法律、会计政策等方面的原因，确实无法使其采用的会计政策与母公司所采用的会计政策保持一致，则应当要求其按照母公司所采用的会计政策，重新编报财务报表，也可以由母公司根据自身所采用的会计政策对境外子公司报送的财务报表进行调整，以重编或调整编制的境外子公司的财务报表，作为编制合并财务报表的基础。

需要注意的是，中国境内企业设在境外的子公司在境外发生的交易或事项，因受法律法规限制等境内不存在或交易不常见，企业会计准则未作出规范的，可以将境外子公司已经进行的会计处理结果，在符合基本准则的原则下，按照国际财务报告准则进行调整后，并入境内母公司合并财务报表的相关项目。

（二）统一母子公司的资产负债表日及会计期间

母公司和子公司的个别财务报表只有在反映财务状况的日期和反映经营成果的会计期间都一致的情况下，才能进行合并。为了编制合并财务报表，必须统一企业集团内母公司和所有子公司的资产负债表日和会计期间，使子公司的资产负债表日和会计期间与母公司的资产负债表日和会计期间保持一致，以便于子公司提供相同资产负债表日和会计期间的财务报表。

对于境外子公司，由于当地法律限制确实不能与母公司财务报表决算日和会计期间一致的，母公司应当按照自身的资产负债表日和会计期间对子公司的财务报表进行调整，以调整后的子公司财务报表为基础编制合并财务报表，也可以要求子公司按照母公司的资产负债表日和会计期间另行编制报送其个别财务报表。

（三）对子公司以外币表示的财务报表进行折算

对母公司和子公司的财务报表进行合并，其前提必须是母子公司个别财务报表所采用的货币计量单位一致。外币业务比较多的企业应该遵循外币折算准则有关选择记账本位币的相关规定，在符合准则规定的基础上，确定是否采用某一种外币作为记账本位币。在将境外经营纳入合并范围时，应该按照外币折算准则的相关规定进行处理。

（四）收集编制合并财务报表的相关资料

合并财务报表以母公司和其子公司的财务报表以及其他有关资料为依据，由母公司合并有关项目的数额编制。为编制合并财务报表，母公司应当要求子公司及时提供下列有关资料：

1. 子公司相应期间的财务报表；
2. 采用的与母公司不一致的会计政策及其影响金额；
3. 与母公司不一致的会计期间的说明；
4. 与母公司及与其他子公司之间发生的所有内部交易的相关资料，包括但不限于内部购销交易、债权债务、投资及其产生的现金流量和未实现内部销售损益的期初、期末余额及变动情况等资料；
5. 子公司所有者权益变动和利润分配的有关资料。
6. 编制合并财务报表所需要的其他资料。

三、合并财务报表格式

根据本准则规定，合并财务报表至少包括合并资产负债表、合并利润表、合并所有者权益变动表和合并现金流量表。其中，一般企业、商业银行、保险公司和证券公司等的合并资产负债表、合并利润表和合并所有者权益变动表以《企业会计准则第30号——财务报表列报》应用指南（2014）（以下简称"财务报表列报应用指南"）的相关报表为基础，增加下列项目：

1. 合并资产负债表中：（1）在所有者权益项目下增加"归属于母公司所有者权益合计"，用于反映企业集团的所有者权益中归属于母公司所有者权益的部分，包括实收资本（或股本）、资本公积、库存股、其他综合收益、盈余公积、专项储备、一般风险准备、未分配利润、其他等项目的金额；（2）在所有者权益项目下，增加"少数股东权益"项目，用于反映非全资子公司的所有者权益中不属于母公司的份额。

2. 合并利润表中：（1）在"净利润"项目下增加"归属于母公司所有者的净利润"和"少数股东损益"两个项目，分别反映净利润中由母公司所有者享有的份额和非全资子公司当期实现的净利润中归属于少数股东的份额。同一控制下企业合并增加子公司的，当期合并利润表中还应在"净利润"项目下增加"其中：被合并方在合并前实现的净利润"项目，用于反映同一控制下企业合并中取得的被合并方在合并日前实现的净利润。（2）在"综合收益总额"项目下增加"归属于母公司所有者的综合收益总额"和"归属于少数股东的综合收益总额"两个项目，分别反映综合收益总额中由母公司所有者享有的份额和非全资子公司当期综合收益总额中归属于少数股东的份额。

3. 合并所有者权益变动表中，应增加"少数股东权益"栏目，反映少数股东权益变动的情况。另外，参照合并资产负债表中的"专项储备"、"一般风险准备"、"资本公积"、"其他综合收益"等项目的列示,合并所有者权益变动表中应单列上述各栏目反映。

合并现金流量表的格式与《企业会计准则第31号——现金流量表》应用指南(2006)中现金流量报表的格式基本相同。

对于纳入合并财务报表的子公司既有一般工商企业,又有金融企业等的,如果母公司在企业集团经营中权重较大,以母公司主业是一般企业还是金融企业确定其报表类别,根据集团其他业务适当增加其他报表类别的相关项目;如果母公司在企业集团经营中权重不大,以企业集团的主业确定其报表类别,根据集团其他业务适当增加其他报表类别的相关项目;对于不符合上述情况的,合并财务报表采用一般企业报表格式,根据集团其他业务适当增加其他报表类别的相关项目。

四、合并财务报表的编制程序

合并财务报表编制的一般程序如下:

(一)设置合并工作底稿。合并工作底稿的作用是为合并财务报表的编制提供基础。在合并工作底稿中,对母公司和纳入合并范围的子公司的个别财务报表各项目的数据进行汇总、调整和抵销处理,最终计算得出合并财务报表各项目的合并数。

(二)将个别财务报表的数据过入合并工作底稿。将母公司和纳入合并范围的子公司的个别资产负债表、个别利润表、个别现金流量表及个别所有者权益变动表各项目的数据过入合并工作底稿,并在合并工作底稿中对母公司和子公司个别财务报表各项目的数据进行加总，计算得出个别资产负债表、个别利润表、个别现金流量表及个别所有者权益变动表各项目合计数额。

（三）编制调整分录和抵销分录。根据本准则第三十条、第三十四条、第四十一条和第四十五条等编制调整分录与抵销分录，进行调整抵销处理是合并财务报表编制的关键和主要内容，其目的在于将因会计政策及计量基础的差异对个别财务报表的影响进行调整，以及将个别财务报表各项目的加总数据中重复的因素等予以抵销或调整等。

（四）计算合并财务报表各项目的合并金额。在母公司和纳入合并范围的子公司个别财务报表项目加总金额的基础上，分别计算合并财务报表中各资产项目、负债项目、所有者权益项目、收入项目和费用项目等的合并金额。其计算方法如下：

1. 资产类项目，其合并金额根据该项目加总的金额，加上该项目调整分录与抵销分录有关的借方发生额，减去该项目调整分录与抵销分录有关的贷方发生额计算确定。

2. 负债类和所有者权益类项目，其合并金额根据该项目加总的金额，减去该项目调整分录与抵销分录有关的借方发生额，加上该项目调整分录与抵销分录有关的贷方发生额计算确定。

3. 有关收入、收益、利得类项目，其合并金额根据该项目加总的金额，减去该项目调整分录与抵销分录的借方发生额，加上该项目调整分录与抵销分录的贷方发生额计算确定。

4. 有关成本费用、损失类项目和有关利润分配的项目，其合并金额根据该项目加总的金额，加上该项目调整分录与抵销分录的借方发生额，减去该项目调整分录与抵销分录的贷方发生额计算确定。

5."专项储备"和"一般风险准备"项目由于既不属于实收资本（或股本）、资本公积，也与留存收益、未分配利润不同，在长期股权投资与子公司所有者权益相互抵销后，应当按归属于母公司所有者的份额予以恢复。

（五）填列合并财务报表。根据合并工作底稿中计算出的资产、负债、所有者权益、收入、成本费用类以及现金流量表中各项目的合并金额，填列生成正式的合并财务报表。

合并所有者权益变动表也可以根据合并资产负债表和合并利润表进行编制。

五、报告期内增减子公司的处理

（一）增加子公司

母公司因追加投资等原因控制了另一个企业即实现了企业合并，应当根据《企业会计准则第 20 号——企业合并》（以下简称"企业合并准则"）的规定编制合并日或购买日的合并财务报表。在企业合并发生当期的期末和以后会计期间，母公司应当根据本准则的规定编制合并财务报表，分别情况进行处理：

1. 同一控制下企业合并增加的子公司或业务，视同合并后形成的企业集团报告主体自最终控制方开始实施控制时一直是一体化存续下来的。编制合并资产负债表时，应当调整合并资产负债表的期初数，合并资产负债表的留存收益项目应当反映母子公司视同一直作为一个整体运行至合并日应实现的盈余公积和未分配利润的情况，同时应当对比较报表的相关项目进行调整；编制合并利润表时，应当将该子公司或业务自合并当期期初至报告期末的收入、费用、利润纳入合并利润表，而不是从合并日开始纳入合并利润表，同时应当对比较报表的相关项目进行调整。由于这部分净利润是因企业合并准则所规定的同一控制下企业合并的编表原则所致，而非母公司管理层通过生产经营活动实现的净利润，因此，应当在合并利润表中单列"其中：被合并方在合并前实现的净利润"项目进行反映；在编制合并现金流量表时，应当将该子公司或业务自合并当期期初到报告期末的现金流量纳入合并现金流量表，同时应当对比较报表的相关项目进行调整。

2. 非同一控制下企业合并或其他方式增加的子公司或业务，应当从购买日开始编制合并财务报表，在编制合并资产负债表时，不调整合并资产负债表的期初数，企业以非货币性资产出资设立子公司或对子公司增资的，需要将该非货币性资产调整恢复至原账面价值，并在此基础上持续编制合并财务报表；在编制合并利润表时，应当将该子公司或业务自购买日至报告期末的收入、费用、利润纳入合并利润表；在编制合并现金流量表时，应当将该子公司购买日至报告期期末的现金流量纳入合并现金流量表。

（二）处置子公司

在报告期内，如果母公司处置子公司或业务，失去对子公司或业务的控制，被投资方从处置日开始不再是母公司的子公司，不应继续将其纳入合并财务报表的合并范围，在编制合并资产负债表时，不应当调整合并资产负债表的期初数；在编制合并利润表时，应当将该子公司或业务自当期期初至处置日的收入、费用、利润纳入合并利润表；在编制合并现金流量表时，应将该子公司或业务自当期期初至处置日的现金流量纳入合并现金流量表。

六、合并财务报表综合案例

本案例说明了合并财务报表的一般编制程序，主要包括合并资产负债表、合并利润表、合并现金流量表和合并所有者权益变动表及合并财务报表工作底稿的编制方法和过程。

【例20】A股份有限公司（以下简称"A公司"）是一家从事新能源产业开发的上市公司。2×13年1月1日，A公司以定向增发普通股股票的方式，从非关联方处购买取得了B股份有限公司（以下简称"B公司"）70%的股权，于同日通过产权交易所完成了该项股权转让程序，并完成了工商变更登记。A公司定向增发普通股股票5 000万股，每股面值为1元，每股市场价格为2.95元。A公司与B公司属于非同一控制下的企业。

1. B公司2×13年1月1日（购买日）资产负债表有关项目信息列示如下：

（1）股东权益总额为16 000万元。其中：股本为10 000万元，资本公积为4 000万元，盈余公积为600万元，未分配利润为1 400万元。

（2）应收账款账面价值为1 960万元，经评估的公允价值为1 560万元；存货的账面价值为10 000万元，经评估的公允价值为11 000万元；固定资产账面价值为9 000万元，经评估的公允价值为12 000万元，固定资产评估增值为公司办公楼增值，该办公楼采用年限平均法计提折旧，该办公楼的剩余折旧年限为15年。

2. B公司2×13年12月31日资产负债表有关项目信息列示如下：

（1）股东权益总额为19 150万元。其中：股本为10 000万元，资本公积为4 000万元、其他综合收益150万元（可供出售金融资产公允价值变动的利得），盈余公积为1 600万元、未分配利润为3 400万元。

（2）2×13年全年实现净利润5 250万元，当年提取盈余公积1 000万元，年末向股东宣告分配现金股利2 250万元，现金股利款项尚未支付。

（3）截至2×13年12月31日，应收账款按购买日评估确认的金额收回，评估确认的坏账已核销；购买日发生评估增值的存货当年已全部实现对外销售。

3. 2×13年，A公司和B公司内部交易和往来事项列示如下：

（1）截至2×13年12月31日，A公司个别资产负债表应收账款中有480万元为应收B公司账款，该应收账款账面余额为500万元，A公司当年计提坏账准备20万元。B公司个别资产负债表中应付账款中列示有应付A公司账款500万元。

（2）2×13年5月1日，A公司向B公司销售商品1 000万元，商品销售成本为700万元，B公司以支票支付商品价款500万元，其余价款待商品售出后支付。B公司购进的该商品本期全部未实现对外销售而形成年末存货。2×13年年末，B公司对存货进行检查时，发现该商品已经部分陈旧，其可变现净值已降至980万元。为此，B公司2×13年年末对该存货计提存货跌价准备20万元，并在其个别财务报表中列示。

2×13年6月1日，B公司向A公司销售商品1 200万元，商品销售成本为800万元，A公司以支票支付全款。A公司购进该商品本期40%未实现对外销售。年末，A公司对剩余存货进行检查，并未发生存货跌价损失。

(3) 2×13年6月20日，A公司将其资产原值为1 000万元，账面价值为600万元的某厂房，以1 200万元的价格变卖给B公司作为厂房使用，B公司以支票支付全款。该厂房预计剩余使用年限为15年，A公司和B公司均采用直线法对其计提折旧。

A公司取得B公司可辨认资产、负债和所有者权益在购买日的公允价值备查簿见表1；2×13年1月1日，A公司资产负债表、B公司资产负债表及资产负债公允价值见表2；2×13年12月31日，A公司、B公司资产负债表见表4；2×13年，A公司、B公司当年利润表、现金流量表和所有者权益变动表分别见表5～表7。

假定A公司、B公司均是中国境内公司，A公司计划长期持有对B公司的股权，不考虑上述合并事项中所发生的审计、评估、股票发行以及法律服务等相关费用，B公司的会计政策和会计期间与A公司一致，购买日，B公司资产和负债的公允价值与其计税基础之间形成的暂时性差异均符合确认递延所得税资产或递延所得税负债的条件，不考虑A公司、B公司除企业合并和编制合并财务报表之外的其他税费，两家公司适用的所得税税率均为25%。除非有特别说明，本案例中的资产和负债的账面价值与计税基础相同。（本案例的会计分录以万元表示）

（一）合并范围的确定

本例中，A公司持有B公司70%表决权股份，能够主导B公司的经营、财务等相关活动，表明A公司对B公司拥有权力。且A公司可通过参与B公司的经营、财务等相关活动而影响并享有可变回报（如，A公司可以决定B公司股利分配决策并取得 B 公司分配的股利等），因此 A 公司对 B 的财务决策和经营决策等均具有实质性权利，即 A 公司有能力运用对 B 公司的权力影响其回报金额。综上所述，A 公司对 B 公司的权力符合本准则中的控制定义，因此 A 公司编制合并财务报表时，应当将 B 公司纳入合并范围。

（二）购买日合并资产负债表的编制

本例中，A 公司购买 B 公司股权形成了非同一控制下的企业合并，按照企业合并准则的规定，非同一控制下的企业合并，母公司应当编制购买日的合并资产负债表，因企业合并取得的被购买方各项可辨认资产、负债应当以公允价值列示，母公司应当设置备查簿，记录企业合并中取得的子公司各项可辨认资产、负债在购买日的公允价值。

A 公司取得 B 公司可辨认资产、负债和所有者权益在购买日的公允价值备查簿见 74 页表 1。

2×13 年 1 月 1 日，A 公司资产负债表和 B 公司资产负债表及评估确认的资产负债公允价值见 75 至 76 页表 2。

1. 对母子公司个别资产负债表的调整。

（1）调整母公司长期股权投资的入账价值。

A 公司将购买取得 B 公司 70% 的股权作为长期股权投资入账的会计处理如下：

借：长期股权投资——B 公司
　　　　　　　　（2.95×5 000）14 750　　（1）
　贷：股本　　　　　　　　　　　　5 000
　　　资本公积　　　　　　　　　　9 750

（2）调整子公司资产和负债的公允价值。

编制购买日的合并资产负债表时，根据 A 公司购买 B 公司设置的股权备查簿中登记的信息，将 B 公司资产和负

表 1　　　　　　　　　　**A 公司购买股权备查簿——B 公司**

购买日：2×13 年 1 月 1 日　　　　　　购买价：14 750 万元　　　　　　单位：万元

本次交易后累计持股：70%

项目	购买日账面价值	购买日公允价值	公允价值与账面价值的差额	剩余使用年限	公允价值变动调整折旧或摊销额（年）	公允价值变动调整后余额	备注
流动资产	17 500	18 100	600				
其中：应收账款	1 960	1 560	-400				
存货	10 000	11 000	1 000				
非流动资产	11 500	14 500	3 000				
其中：固定资产——B 公司办公楼	1 000	4 000	3 000	15	200	2 800	采用年限平均法计提折旧
资产总计	29 000	32 600	3 600				
流动负债	10 500	10 500	0				
非流动负债	2 500	2 500	0				
负债合计	13 000	13 000	0				
实收资本（或股本）	10 000	10 000					
资本公积	4 000						
盈余公积	600	600	0				
未分配利润	1 400	1 400	0				
所有者权益合计	16 000	19 600	3 600				
负债和所有者权益总计	29 000	32 600	3 600				

第二部分 《企业会计准则第33号——合并财务报表》应用指南

表 2

会企 01 表

资产负债表（简表）

编制单位：A 公司　　2×13 年 1 月 1 日　　单位：万元

资产	A 公司	B 公司 账面价值	B 公司 公允价值	负债和所有者权益（或股东权益）	A 公司	B 公司 账面价值	B 公司 公允价值
流动资产：				流动负债：			
货币资金	4 500	2 100	2 100	短期借款	6 000	2 500	2 500
交易性金融资产	2 000	900	900	交易性金融负债	1 900	0	0
应收票据	2 350	1 500	1 500	应付票据	5 000	1 500	1 500
应收账款	2 900	1 960	1 560	应付账款	9 000	2 100	2 100
预付款项	1 000	440	440	预收款项	1 500	650	650
应收利息	0	0	0	应付职工薪酬	3 000	800	800
应收股利	2 100	0	0	应交税费	1 000	600	600
其他应收款	0	0	0	应付利息	0	0	0
存货	15 500	10 000	11 000	应付股利	0	0	0
其他流动资产	650	600	600	其他应付款	2 000	2 000	2 000
流动资产合计	31 000	17 500	18 100	其他流动负债	600	350	350
非流动资产：				流动负债合计	30 000	10 500	10 500
可供出售金融资产	3 000	700	700	非流动负债：			

续表

资产	A 公司	B 公司 账面价值	B 公司 公允价值	负债和所有者权益（或股东权益）	A 公司	B 公司 账面价值	B 公司 公允价值
持有至到期投资	5 500	0	0	长期借款	2 000	1 500	1 500
长期应收款	0	0	0	应付债券	10 000	1 000	1 000
长期股权投资	16 000	0	0	长期应付款	1 000	0	0
固定资产	10 500	9 000	12 000	递延所得税负债	0	0	0
在建工程	10 000	1 000	1 000	其他非流动负债	0	0	0
无形资产	2 000	800	800	非流动负债合计	13 000	2 500	2 500
商誉	0	0	0	负债合计	43 000	13 000	13 000
长期待摊费用	0	0	0	所有者权益（或股东权益）：			
递延所得税资产	0	0	0	实收资本	20 000	10 000	10 000
其他非流动资产	0	0	0	资本公积	5 000	4 000	7 600
非流动资产合计	47 000	11 500	14 500	减：库存股	0	0	0
				其他综合收益	0	0	0
				盈余公积	5 500	600	600
				未分配利润	4 500	1 400	1 400
				所有者权益合计	35 000	16 000	19 600
资产总计	78 000	29 000	32 600	负债和所有者权益总计	78 000	29 000	32 600

债的评估增值或减值分别调增或调减相关资产和负债项目的金额。根据税法规定，在购买日子公司 B 公司的资产和负债的计税基础还是其原来的账面价值。购买日子公司资产和负债的公允价值与其计税基础之间的差异，形成暂时性差异。在符合有关原则和确认条件的情况下，编制购买日合并财务报表时，需要对该暂时性差异确认相应的递延所得税资产或递延所得税负债。

本例中，B 公司应收账款的公允价值低于其计税基础的金额为 400 万元（1 960 – 1 560），形成可抵扣暂时性差异，应当对其确认递延所得税资产 100 万元（400 × 25%）；存货的公允价值高于其计税基础的金额为 1 000 万元（11 000 – 10 000），形成应纳税暂时性差异，应当对其确认递延所得税负债 250 万元（1 000 × 25%）；固定资产中的办公楼的公允价值高于其计税基础的金额为 3 000 万元（4 000 – 1 000），形成应纳税暂时性差异，应当对其确认递延所得税负债 750 万元（3 000 × 25%）。在合并工作底稿中的调整分录如下：

借：存货　　　　　　　　　　　1 000　　　（2）
　　固定资产　　　　　　　　　3 000
　　递延所得税资产　　　　　　 100
　贷：应收账款　　　　　　　　　　　　400
　　　递延所得税负债　　　（250 + 750）1 000
　　　资本公积　　　　　　　　　　　2 700

2. 母公司长期股权投资与子公司所有者权益的抵销处理。

经过对 B 公司资产和负债的公允价值调整后，B 公司所有者权益总额 = 16 000 + 2 700 = 18 700（万元），A 公司对 B 公司所有者权益中拥有的份额为 13 090 万元（18 700 × 70%），A 公司对 B 公司长期股权投资的金额为 14 750 万元，因此合并商誉为 1 660 万元（14 750 - 13 090）。A 公司购买 B 公司股权所形成的商誉，在 A 公司个别财务报表中表示对 B 公司长期股权投资的一部分，在编制合并财务报表时，将长期股权投资与在子公司所有者权益中所拥有的份额相抵销，其抵销差额在合并资产负债表中则表现为商誉。

A 公司长期股权投资与其在 B 公司所有者权益中拥有份额的抵销分录如下：

借：股本　　　　　　　　　　　10 000　　（3）
　　资本公积　　　　　　　　　 6 700
　　盈余公积　　　　　　　　　　 600
　　未分配利润　　　　　　　　 1 400
　　商誉　　　　　　　　　　　 1 660
　贷：长期股权投资——B 公司　14 750
　　　少数股东权益　　　　　　 5 610

需要注意的是，母子公司有交互持股情形的，在编制合并财务报表时，对于母公司持有的子公司股权，与通常情况下母公司长期股权投资与子公司所有者权益的合并抵销处理相同。对于子公司持有的母公司股权，应当按照子公司取得母公司股权日所确认的长期股权投资的初始投资成本，将其转为合并财务报表中的库存股；对于子公司持有母公司股权所确认的投资收益（如利润分配或现金股利），应当进行抵销处理。子公司将所持有的母公司股权分类为可供出售金融资产的，按照公允价值计量的，同时冲销子公司累计确认的公允价值变动。

3. 编制购买日合并资产负债表工作底稿及合并资产负债表。

根据上述调整分录和抵销分录，A 公司编制购买日合并资产负债表工作底稿见表 3：

第二部分 《企业会计准则第33号——合并财务报表》应用指南

表3 合并资产负债表工作底稿

编制单位：A公司　　2×13年1月1日　　　　　　　单位：万元　　会企01表

项目	A公司	B公司	合计金额	调整分录 借方	调整分录 贷方	抵销分录 借方	抵销分录 贷方	合并金额
流动资产：								
货币资金	4 500	2 100	6 600					6 600
交易性金融资产	2 000	900	2 900					2 900
应收票据	2 350	1 500	3 850					3 850
应收账款	2 900	1 960	4 860		(2) 400			4 460
预付款项	1 000	440	1 440					1 440
应收利息	0	0	0					0
应收股利	2 100	0	2 100					2 100
其他应收款	0	0	0					0
存货	15 500	10 000	25 500	(2) 1 000				26 500
其他流动资产	650	600	1 250					1 250
流动资产合计	31 000	17 500	48 500	1 000	400	0	0	49 100
非流动资产：								
可供出售金融资产	3 000	700	3 700					3 700
持有至到期投资	5 500	0	5 500					5 500
长期应收款	0	0	0					0
长期股权投资	16 000	0	16 000	(1) 14 750			(3) 14 750	16 000

81

续表

项目	A公司	B公司	合计金额	调整分录 借方	调整分录 贷方	抵销分录 借方	抵销分录 贷方	合并金额
固定资产	10 500	9 000	19 500	(2) 3 000				22 500
在建工程	10 000	1 000	11 000					11 000
无形资产	2 000	800	2 800					2 800
商誉	0	0	0			(3) 1 660		1 660
递延所得税资产	0	0	0	(2) 100				100
其他非流动资产	0	0	0					0
非流动资产合计	47 000	11 500	58 500	17 850	0	1 660	14 750	63 260
资产总计	78 000	29 000	107 000	18 850	400	1 660	14 750	112 360
流动负债:								
短期借款	6 000	2 500	8 500					8 500
交易性金融负债	1 900	0	1 900					1 900
应付票据	5 000	1 500	6 500					6 500
应付账款	9 000	2 100	11 100					11 100
预收账款	1 500	650	2 150					2 150
应付职工薪酬	3 000	800	3 800					3 800
应交税费	1 000	600	1 600					1 600
应付利息	0	0	0					0
应付股利	2 000	2 000	4 000					4 000
其他应付款	0	0	0					0
其他流动负债	600	350	950					950

第二部分 《企业会计准则第33号——合并财务报表》应用指南

续表

项目	A公司	B公司	合计金额	调整分录 借方	调整分录 贷方	抵销分录 借方	抵销分录 贷方	合并金额
流动负债合计	30 000	10 500	40 500					40 500
非流动负债：								
长期借款	2 000	1 500	3 500					3 500
应付债券	10 000	1 000	11 000					11 000
长期应付款	1 000	0	1000					1 000
递延所得税负债	0	0	0		(2) 1 000			1 000
其他非流动负债	0	0	0					0
非流动负债合计	13 000	2 500	15 500		1 000			16 500
负债合计	43 000	13 000	56 000		1 000			57 000
所有者权益（或股东权益）：								
实收资本（或股本）	20 000	10 000	30 000		(1) 5 000	(3) 10 000		25 000
资本公积	5 000	4 000	9 000		(1) 9 750 (2) 2 700	(3) 6 700		14 750
其他综合收益	0	0	0					0
盈余公积	5 500	600	6 100			(3) 600		5 500
未分配利润	4 500	1 400	5 900			(3) 1 400		4 500
归属于母公司所有者权益	35 000	16 000	51 000	0	17 450	18 700	0	49 750
少数股东权益							(3) 5 610	5 610
所有者权益合计	35 000	16 000	51 000	0	17 450	18 700	5 610	55 360
负债和所有者权益总计	78 000	29 000	107 000	0	18 450	18 700	5 610	112 360

根据上述合并资产负债表工作底稿中各项目的合并金额，编制购买日的合并资产负债表（略）。

（三）购买日后合并财务报表的编制

根据本准则规定，母公司应当以自身和其子公司的财务报表为基础，根据其他有关资料，编制合并财务报表。

A公司和B公司2×13年12月31日资产负债表见表4：

表4　　　　　　　　　资产负债表（简表）　　　　　　会企01表

编制单位：A公司/B公司　　2×13年12月31日　　　　单位：万元

资产	A公司	B公司	负债和所有者权益（或股东权益）	A公司	B公司
流动资产：			流动负债：		
货币资金	2 850	3 250	短期借款	5 000	2 400
交易性金融资产	1 500	2 500	交易性金融负债	2 000	1 200
应收票据	3 600	1 800	应付票据	6 500	1 800
应收账款	4 250	2 550	应付账款	9 000	2 600
预付款项	750	1 250	预收款项	2 000	1 950
应收利息	0	0	应付职工薪酬	2 500	800
应收股利	2 400	0	应交税费	1 350	700
其他应收款	250	650	应付利息	0	0
存货	18 500	9 000	应付股利	0	2 250
其他流动资产	900	500	其他应付款	2 650	200
流动资产合计	35 000	21 500	其他流动负债	1 000	450
非流动资产：			流动负债合计	32 000	14 350
可供出售金融资产	4 500	900	非流动负债：		
持有至到期投资	7 000	2 000	长期借款	2 000	2 400
长期应收款	0	0	应付债券	10 000	3 500
长期股权投资	34 750	0	长期应付款	3 000	0
固定资产	14 000	13 000	递延所得税负债	0	100
在建工程	6 500	1 200	其他非流动负债	0	0
无形资产	3 000	900	非流动负债合计	15 000	6 000
商誉	0	0	负债合计	47 000	20 350

续表

资产	A公司	B公司	负债和所有者权益（或股东权益）	A公司	B公司
长期待摊费用	0	0	所有者权益（或股东权益）：		
递延所得税资产	0	0	实收资本（或股本）	25 000	10 000
其他非流动资产	0	0	资本公积	14 750	4 000
非流动资产合计	69 750	18 000	其他综合收益	0	150
			盈余公积	9 000	1 600
			未分配利润	9 000	3 400
			所有者权益合计	57 750	19 150
资产总计	104 750	39 500	负债和所有者权益总计	104 750	39 500

A公司和B公司2×13年度利润表见表5：

表5　　　　　　　　　　利润表（简表）　　　　　　　　　会企02表

编制单位：A公司/B公司　　　2×13年度　　　　　　　　　单位：万元

项目	A公司	B公司
一、营业收入	75 000	47 400
二、营业总成本	55 400	41 200
其中：营业成本	48 000	36 500
营业税金及附加	900	500
销售费用	2 600	1 700
管理费用	3 000	1 950
财务费用	600	400
资产减值损失	300	150
加：公允价值变动收益（损失以"-"号填列）	0	0
投资收益（损失以"-"号填列）	4 900	100
三、营业利润（亏损以"-"号填列）	24 500	6 300
加：营业外收入	800	1 200
减：营业外支出	1 300	500
四、利润总额（亏损总额以"-"号填列）	24 000	7 000
减：所得税费用	6 000	1 750
五、净利润（净亏损以"-"号填列）	18 000	5 250
六、其他综合收益的税后净额	0	150
（一）以后不能重分类进损益的其他综合收益	0	0

续表

项目	A公司	B公司
（二）以后将重分类进损益的其他综合收益	0	150
其中：可供出售金融资产公允价值变动的利得或损失	0	150
七、综合收益总额	18 000	5 400

A公司和B公司2×13年度现金流量表见表6：

表6　　　　　　　现金流量表（简表）　　　　　会企03表

编制单位：A公司/B公司　　　2×13年度　　　　　单位：万元

项目	A公司	B公司
一、经营活动产生的现金流量：		
销售商品、提供劳务收到的现金	53 000	45 000
收到其他与经营活动有关的现金		
经营活动现金流入小计	53 000	45 000
购买商品、接受劳务支付的现金	42 400	36 600
支付给职工以及为职工支付的现金	6 000	4 500
支付的各项税费	4 495	1 775
支付其他与经营活动有关的现金	0	0
经营活动现金流出小计	52 895	42 875
经营活动产生的现金流量净额	105	2 125
二、投资活动产生的现金流量：		
取得投资收益收到的现金	125	0
处置固定资产、无形资产和其他长期资产收回的现金净额	100	0
收到其他与投资活动有关的现金	0	0
投资活动现金流入小计	225	0
购建固定资产、无形资产和其他长期资产支付的现金	1 030	225
投资支付的现金	0	0
支付其他与投资活动有关的现金	0	0
投资活动现金流出小计	1 030	225
投资活动产生的现金流量净额	−805	−225
三、筹资活动产生的现金流量：		
吸收投资收到的现金	0	0
收到其他与筹资活动有关的现金	0	0
筹资活动现金流入小计	0	0

续表

项目	A公司	B公司
偿还债务支付的现金	950	750
支付其他与筹资活动有关的现金	0	0
筹资活动现金流出小计	950	750
筹资活动产生的现金流量净额	-950	-750
四、汇率变动对现金的影响		
五、现金及现金等价物净增加额	-1 650	1 150
加：期初现金及现金等价物余额	4 500	2 100
六、期末现金及现金等价物余额	2 850	3 250

A公司和B公司2×13年度所有者权益变动表见86至87页表7。

1. 对母子公司个别财务报表的调整处理。

（1）调整子公司资产和负债的公允价值。

根据A公司购买B公司设置的股权备查簿中登记的信息，将B公司资产和负债的评估增值或减值分别调增或调减相关资产和负债项目的金额。在合并工作底稿中的调整分录如下：

借：存货　　　　　　　　　　1 000　　　（1）
　　固定资产　　　　　　　　3 000
　　递延所得税资产　　　　　100
　　贷：应收账款　　　　　　　　　400
　　　　递延所得税负债　（250+750）1 000
　　　　资本公积　　　　　　　　　2 700

（2）根据子公司已实现的公允价值调整当期净利润

本例中，合并财务报表要求以子公司资产、负债的公允价值为基础进行确认，而子公司个别财务报表是按其资产、负债的原账面价值为基础编制的，其当期计算的净利润也是以其资产、负债的原账面价值为基础计算的结果。

企业会计准则第33号——合并财务报表

表7 所有者权益变动表

2×13年度

编制单位：A公司/B公司　　　　　　　　　　　　　　　　　　　　　　　　　　　　　会企04表
单位：万元

项目	A公司								B公司							
	实收资本（或股本）	资本（或股本）溢价	减：库存股	其他综合收益	盈余公积	未分配利润	所有者权益合计		实收资本（或股本）	资本（或股本）溢价	减：库存股	其他综合收益	盈余公积	未分配利润	所有者权益合计
一、上年年末余额	20 000	5 000		0	5 500	4 500	35 000		10 000	4 000		0	600	1 400	16 000
加：会计政策变更															
前期差错更正															
二、本年年初余额	20 000	5 000			5 500	4 500	35 000		10 000	4 000			600	1 400	16 000
三、本年增减变动金额（减少以"-"号填列）						18 000	18 000					150		5 250	5 400
（一）综合收益总额															
（二）所有者投入和减少资本	5 000	9 750					14 750								
1. 所有者投入资本															
2. 股份支付计入所有者权益的金额															
3. 其他															

88

续表

项目	A公司							B公司						
	实收资本（或股本）	资本（或股本）溢价	减：库存股	其他综合收益	盈余公积	未分配利润	所有者权益合计	实收资本（或股本）	资本（或股本）溢价	减：库存股	其他综合收益	盈余公积	未分配利润	所有者权益合计
(三) 利润分配														
1. 提取盈余公积					3 500	-3 500	0					1 000	-1 000	0
2. 提取一般风险准备														
3. 对所有者（或股东）的分配						-10 000	-10 000						-2 250	-2 250
4. 其他														
(四) 所有者权益内部结转														
1. 资本公积转增资本（或股本）														
2. 盈余公积转增资本（或股本）														
3. 盈余公积弥补亏损														
4. 其他														
四、本年年末余额	25 000	14 750			9 000	9 000	57 750	10 000	4 000		150	1 600	3 400	19 150

因此，上述公允价值与原账面价值存在差额的资产或负债项目，在经营过程中因资产的折旧、摊销和减值等对子公司当期净利润的影响，需要在净利润计算中予以反映。在合并财务报表工作底稿中的调整分录如下：

借：营业成本　　　　　　　　　　1 000　　　（2）
　　管理费用　　　　　　　　　　 200
　　应收账款　　　　　　　　　　 400
　贷：存货　　　　　　　　　　　1 000
　　　固定资产　　　　　　　　　 200
　　　资产减值损失　　　　　　　 400

因此，经已实现公允价值调整后的 B 公司 2×13 年度净利润 = 5 250 + 400（因购买日应收账款公允价值减值的实现而调减资产减值损失）- 1 000（因购买日存货公允价值增值的实现而调增营业成本）- 200（因固定资产公允价值增值计算的折旧而调增管理费用）= 4 450（万元）。

（3）递延所得税资产或递延所得税负债的暂时性差异的转回。

由于 B 公司应收账款按购买日评估的确认的金额已收回，评估确认的坏账已核销，因递延所得税资产的转回而增加当期所得税费用 100 万元（400 × 25%）；由于 B 公司购买日发生评估增值的存货当年已全部实现对外销售，因递延所得税负债的转回而减少当期所得税费用 250 万元（1 000 × 25%）；由于 B 公司购买日发生增值的办公楼 2×13 年年末应纳税暂时性差异为 2 800 万元（3 000 - 200），应确认的递延所得税负债为 700 万元（2 800 × 25%），因递延所得税负债的转回而减少当期所得税费用 50 万元（750 - 700）。在合并财务报表工作底稿中的调整分录如下：

借：递延所得税负债　　　　（250+50）300　　　（3）
　　贷：递延所得税资产　　　　　　　　100
　　　　所得税费用　　　　　　　　　　200

因此，考虑递延所得税后 B 公司当年净利润为 4 650 万元（4 450+200）。

（4）按照权益法调整母公司财务报表项目。

编制合并财务报表时，按照权益法对母公司个别财务报表进行调整。本例中，应当调整 A 公司 2×13 年投资 B 公司取得的投资收益 3 255 万元（4 650×70%），已确认取得的 B 公司已宣告分派的现金股利 1 575 万元（2 250×70%）以及 B 公司本期其他综合收益 150 万元中归属于 A 公司的份额 105 万元（150×70%）。在合并财务报表工作底稿中的调整分录如下：

借：长期股权投资　　　（3 255+105）3 360　　（4）
　　投资收益　　　　　　　　　　　1 575
　　贷：投资收益　　　　　　　　　　3 255
　　　　长期股权投资　　　　　　　　1 575
　　　　其他综合收益　　　　　　　　　105

2. 抵销合并财务报表相关项目。

（5）抵销长期股权投资与所有者权益项目。

将 A 公司对 B 公司的长期股权投资与其在 B 公司股东权益中拥有的份额予以抵销。B 公司 2×13 年年末经调整后的未分配利润=1 400（年初）+4 650（经已实现公允价值和递延所得税调整后的本年净利润）-1 000（提取盈余公积）-2 250（分派股利）=2 800（万元）；B 公司本期由于可供出售金融资产公允价值变动增加其他综合收益 150 万元，其中归属于 A 公司的份额为 105 万元（150×70%），归属于少数股东的份额为 45 万元（150-105）；A

公司 2×13 年年末对 B 公司长期股权投资为 16 535 万元（14 750 + 3 255 - 2 250×70% + 105）；少数股东权益为 6 375 万元 [5 610（2013 年 1 月 1 日少数股东投入资本）+ 1 395（4 650×30%，本年少数股东损益）+ 45（归属于少数股东的其他综合收益）- 675（2 250×30%，本年对少数股东的利润分配）]。在合并财务报表工作底稿中的抵销分录如下：

借：股本　　　　　　　　　　　　　　10 000　　（5）
　　资本公积　　　　　　　　　　　　 6 700
　　其他综合收益　　　　　　　　　　　 150
　　盈余公积　　　　　　　　　　　　 1 600
　　未分配利润——年末　　　　　　　　2 800
　　商誉　　　　　　　　　　　　　　 1 660
　贷：长期股权投资　　　　　　　　　16 535
　　　少数股东权益　　　　　　　　　 6 375

（6）抵销投资收益与子公司利润分配等项目。

将 A 公司对 B 公司的投资收益与 B 公司本年利润分配有关项目的金额予以抵销。B 公司年末向股东宣告分配现金股利 2 250 万元，其中，归属于少数股东的现金股利为 675 万元（2 250 - 1 575）。在合并财务报表工作底稿中的抵销分录如下：

借：投资收益　　　（4 650×70%）3 255　　（6）
　　少数股东损益　（4 650×30%）1 395
　　未分配利润——年初　　　　　　　1 400
　贷：未分配利润——本年提取盈余公积　1 000
　　　　　　　　——本年利润分配　　　2 250
　　　　　　　　——年末　　　　　　　2 800

（7）抵销应收账款与应付账款项目。

在合并财务报表工作底稿中的抵销分录如下:

借:应付账款　　　　　　　　　500　　　（7）
　　贷:应收账款　　　　　　　　　　　500

(8) 抵销坏账准备与资产减值损失项目。

A公司将与B公司往来的内部应收账款与应付账款相互抵销的同时,还应将内部应收账款计提的坏账准备予以抵销。在合并财务报表工作底稿中的抵销分录如下:

借:应收账款　　　　　　　　　20　　　（8）
　　贷:资产减值损失　　　　　　　　　20

需要注意的是,在连续编制合并财务报表时,对于内部应收款项及其坏账准备,应当按照如下程序进行合并处理:首先,将内部应收款项与应付款项予以抵销,按照内部应付款项的数额,借记"应付账款"、"应付票据"等项目,贷记"应收账款"、"应收票据"等项目;其次,应将上期资产减值损失中抵销的各内部应收款项计提的相应坏账准备对本期期初未分配利润的影响予以抵销,按照上期资产减值损失项目中抵销的各内部应收款项计提的相应坏账准备的数额,借记"应收账款"等项目,贷记"未分配利润——期初"项目;最后,对于本期各内部应收款项在个别财务报表中补提或者冲销的相应坏账准备的数额也应予以抵销,按照本期期末内部应收款项在个别资产负债表中补提（或冲销）的坏账准备的数额,借记（或贷记）"应收账款"等项目,贷记（或借记）"资产减值损失"项目。

(9) 抵销因抵销坏账准备与资产减值损失产生的所得税影响。

在合并财务报表工作底稿中的抵销分录如下:

借:所得税费用　　　　（20×25%）5　　（9）
　　贷:递延所得税资产　　　　　　　　5

（10）抵销应收股利与应付股利项目。

A 公司根据 B 公司宣告分派现金股利的公告，按照其所享有的金额已确认应收股利，并在其资产负债表中计列应收股利 1 575 万元。在合并财务报表工作底稿中的抵销分录如下：

借：应付股利　　　　　　　　　　1 575　　（10）
　　贷：应收股利　　　　　　　　　　　　1 575

3. 抵销内部顺流交易的存货

（11）抵销内部销售收入、成本和内部销售形成的存货价值中包含的未实现内部销售损益。

在合并财务报表工作底稿中的抵销分录如下：

借：营业收入　　　　　　　　　　1 000　　（11）
　　贷：营业成本　　　　　　　　　　　　700
　　　　存货　　　　　　　　　　　　　　300

需要注意的是，在连续编制合并财务报表时，对于内部销售存货，应当按照如下程序进行合并处理：首先，将上期抵销的存货价值中包含的未实现内部损益对本期期初未分配利润的影响进行抵销，按照上期内部购入存货价值中包含的未实现内部销售损益的数额，借记"未分配利润——期初"项目，贷记"营业成本"项目；其次，对于本期发生的内部销售存货，将内部销售收入、内部销售成本及内部购入存货中未实现内部销售损益予以抵销，按照销售企业内部销售收入的数额，借记"营业收入"项目，贷记"营业成本"项目；最后，将期末内部购入存货价值中包含的未实现内部销售损益予以抵销，对于期末内部销售形成的存货（包括上期结转形成的本期存货），应当按照购买企业期末内部购入存货价值中包含的未实现内部销售损益的数额，借记"营业成本"项目，贷记"存货"

项目。

（12）抵销B公司本期计提的存货跌价准备。

在合并财务报表工作底稿中的抵销分录如下：

借：存货　　　　　　　　　　　20　　（12）
　　贷：资产减值损失　　　　　　　　20

需要注意的是，在连续编制合并财务报表时，对于内部销售存货的存货跌价准备，应当按照如下程序进行合并处理：首先，将上期资产减值损失中抵销的存货跌价准备对本期期初未分配利润的影响予以抵销，按照上期资产减值损失项目中抵销的存货跌价准备的数额，借记"存货"项目，贷记"未分配利润——期初"项目；其次，对于本期对内部购入存货在个别财务报表中补提（或冲销）的存货跌价准备的数额也应予以抵销，按照本期对内部购入存货在个别财务报表中补提（或冲销）的存货跌价准备的数额，借记（或贷记）"存货"项目，贷记（或借记）"资产减值损失"项目。

对于抵销存货跌价准备的数额，应当分别下列不同情况进行处理：当本期内部购入存货的可变现净值低于持有该存货企业的取得成本但高于抵销未实现内部销售损益后的取得成本（即销售企业对该存货的取得成本）时，其抵销的存货跌价准备的金额为本期存货跌价准备的增加额；当本期内部购入存货的可变现净值低于抵销未实现内部销售损益后的取得成本（即销售企业对该存货的取得成本）时，其抵销的存货跌价准备的金额为相对于购买企业该存货的取得成本高于销售企业取得成本的差额部分计提的跌价准备的数额扣除期初内部购入存货计提的存货跌价准备的金额后的余额，即本期期末存货中包含的未实现内部销售损益的金额减去期初内部购入存货计提的存货跌价准备的金额后的余额。

(13) 抵销内部顺流存货交易的所得税影响。

在合并财务报表工作底稿中的抵销分录如下：

借：递延所得税资产〔(300 – 20)×25%〕70　　　(13)

　　贷：所得税费用　　　　　　　　　　　　70

(14) 抵销顺流存货交易中内部存货交易的现金流量。

在合并财务报表工作底稿中的抵销分录如下：

借：购买商品、接受劳务支付的现金　1 000　　(14)

　　贷：销售商品、提供劳务收到的现金　1 000

4. 抵销内部逆流交易的存货

(15) 抵销内部销售收入、成本和内部销售形成的存货中包含的未实现内部销售损益。

存货中包含的未实现内部销售损益为160万元〔(1 200 – 800)×40%〕。在合并财务报表工作底稿中的抵销分录如下：

借：营业收入　　　　　　　　　1 200　　(15)

　　贷：营业成本　　　　　　　　　1 040

　　　　存货　　　　　　　　　　　160

(16) 将内部销售形成的存货中包含的未实现内部销售损益进行分摊。

在存货中包含的未实现内部销售损益中，归属于少数股东的未实现内部销售损益分摊金额为48万元（160×30%）。在合并财务报表工作底稿中的抵销分录如下：

借：少数股东权益　　　　　　　　48　　(16)

　　贷：少数股东损益　　　　　　　　48

(17) 抵销因逆流存货交易的所得税影响。

在合并财务报表工作底稿中的抵销分录如下：

借：递延所得税资产　　(160×25%) 40　　(17)

　　贷：所得税费用　　　　　　　　　40

(18) 抵销因抵销逆流存货交易发生的递延所得税对少数股东权益的份额。

在合并财务报表工作底稿中的抵销分录如下：

借：少数股东损益　　　（40×30%）12　　（18）
　　贷：少数股东权益　　　　　　　　　　12

(19) 抵销逆流存货交易中内部存货交易的现金流量。

在合并财务报表工作底稿中的抵销分录如下：

借：购买商品、接受劳务支付的现金　1 200　（19）
　　贷：销售商品、提供劳务收到的现金　1 200

5. 抵销内部固定资产购销交易

(20) 抵销内部固定资产购销交易。

在合并财务报表工作底稿中的抵销分录如下：

借：营业外收入　　　　（1 200-600）600　（20）
　　贷：固定资产——从A公司购入×厂房　600

(21) 抵销内部固定资产交易计提折旧中包含的未实现内部销售损益。

在合并财务报表工作底稿中的抵销分录如下：

借：固定资产——从A公司购入×厂房
　　　　　　　　　　（600÷15×1/2）20　（21）
　　贷：管理费用　　　　　　　　　　　　20

需要注意的是，在连续编制合并财务报表时，对于内部销售固定资产，应当按照如下程序进行合并处理：首先，将内部交易固定资产中包含的未实现内部销售损益抵销，并调整期初未分配利润，按照内部交易固定资产中包含的未实现内部销售损益数额，借记"未分配利润——期初"项目，贷记"固定资产"项目；其次，将以前会计期间内部交易固定资产多计提的累计折旧抵销，并调整期初未分配利润，按照以前会计期间抵销该内部交易固定资产因包含未实现内部销售损益而多计提（或少计提）的累计折旧额，借记（或贷记）"固定资产"项目，贷记（或借记）"未分配利润——期初"；最后，将当期由于该内部交易固定资产因包含未实现内部销售损益而多计提的折旧费用予以抵销，并调整本期计提的累计折旧额，按照本期该内部交易的固定资产多计提的折旧额，借记"固定资产"项目，贷记"管理费用"等费用项目。

（22）抵销内部固定资产交易对所得税的影响。

在合并财务报表工作底稿中的抵销分录如下：

借：递延所得税资产

$\qquad$ [（600 – 20）×25%] 145　　（22）

贷：所得税费用　　　　　　　　　　　　145

（23）抵销内部固定资产交易的现金流量。

在合并财务报表工作底稿中的抵销分录如下：

借：购建固定资产、无形资产和其他长期资产支付的现金　　　　　　　　　　　　1 200　　（23）

贷：处置固定资产、无形资产和其他长期资产收回的现金净额　　　　　　　　　1 200

根据上述资料及有关调整、抵销分录编制合并工作底稿见97至104页表8。

根据合并工作底稿，编制该集团2×13年合并资产负债表、合并利润表、合并现金流量表及合并所有者权益变动表见105至109页表9至表12。

第二部分 《企业会计准则第33号——合并财务报表》应用指南

表8 合并财务报表工作底稿

编制单位：A公司　　2×13年12月31日　　单位：万元

项目（利润表项目）	A公司	B公司	合计金额	调整、抵销分录 借方	调整、抵销分录 贷方	少数股东权益	合并金额
一、营业收入	75 000	47 400	122 400	(11) 1 000 (15) 1 200			120 200
减：营业成本	48 000	36 500	84 500	(2) 1 000	(11) 700 (15) 1 040		83 760
营业税金及附加	900	500	1 400				1 400
销售费用	2 600	1 700	4 300				4 300
管理费用	3 000	1 950	4 950	(2) 200	(21) 20		5 130
财务费用	600	400	1 000				1 000
资产减值损失	300	150	450	(4) 1 575	(2) 400 (8) 20 (12) 20		10
加：投资收益（损失以"-"号填列）	4 900	100	5 000	(6) 3 255	(4) 3 255		3 425
二、营业利润（亏损以"-"号填列）	24 500	6 300	30 800	8 230	5 455		28 025
加：营业外收入	800	1 200	2 000	(20) 600			1 400

99

企业会计准则第33号——合并财务报表

续表

项目	A公司	B公司	合计金额	调整、抵销分录 借方	调整、抵销分录 贷方	少数股东权益	合并金额
减:营业外支出	1 300	500	1 800				1 800
三、利润总额（亏损总额以"-"号填列）	24 000	7 000	31 000	8 830	(3) 5 455		27 625
减:所得税费用	6 000	1 750	7 750	(9) 5			7 300
					(13) 200		
					(17) 70		
					(22) 40		
					145		
四、净利润（净亏损以"-"号填列）	18 000	5 250	23 250	8 835	5 910		20 325
少数股东损益				(6) 1 395	(16) 48	1 359	1 359
				(18) 12			
归属于母公司股东的税后净利润	18 000	5 250	23 250	10 242	5 958		18 966
五、其他综合收益的税后净额	0	150	150	150	105	45	150
（一）以后不能重分类进损益的其他综合收益	0	0	0				0
（二）以后将重分类进损益的其他综合收益	0	150	150	150	(4) 105		105
其中:权益法核算的在被投资单位以后将重分类进损益的其他综合收益中所享有的份额	0	0	0		105		105
可供出售金融资产公允价值变动的利得或损失	0	150	150	(5) 150		(5) 45	45
六、综合收益总额	18 000	5 400	23 400	8 985	6 015	45	20 475

100

第二部分 《企业会计准则第33号——合并财务报表》应用指南

续表

项目	A公司	B公司	合计金额	调整、抵销分录 借方	调整、抵销分录 贷方	少数股东权益	合并金额
归属于母公司所有者的综合收益总额							19 071
归属于少数股东的综合收益总额						1 404	1 404
(所有者权益变动表项目)							
一、未分配利润——年初	4 500	1 400	5 900	(6) 1 400			4 500
未分配利润——本期	4 500	2 000	6 500				5 471
其中：归属于母公司股东的净利润	18 000	5 250	23 250	10 242	5 958		18 966
提取盈余公积	-3 500	-1 000	-4 500		1 000		-3 500
对所有者（或股东）的分配	-10 000	-2 250	-12 250	(5) 2 800	(6) 2 250		-10 000
未分配利润——期末	9 000	3 400	12 400	14 442	(6) 2 800 12 008		9 966
(资产负债表项目)							
流动资产：							
货币资金	2 850	3 250	6 100				6 100
交易性金融资产	1 500	2 500	4 000				4 000
应收票据	3 600	1 800	5 400				5 400
应收账款	4 250	2 550	6 800	(2) 400 (8) 20	(1) 400 (7) 500		6 320

续表

项目	A公司	B公司	合计金额	调整、抵销分录 借方	调整、抵销分录 贷方	少数股东权益	合并金额
预付款项	750	1 250	2 000				2 000
应收股利	2 400	0	2 400		(10) 1 575		825
其他应收款	250	650	900				900
存货	18 500	9 000	27 500	(1) 1 000 (12) 20	(2) 1 000 (11) 300 (15) 160		27 060
其他流动资产	900	500	1 400				1 400
流动资产合计	35 000	21 500	56 500	1 440	3 935		54 005
非流动资产：							
可供出售金融资产	4 500	900	5 400				5 400
持有至到期投资	7 000	2 000	9 000				9 000
长期股权投资	34 750	0	34 750	(4) 3 360	(4) 1 575 (5) 16 535		20 000
固定资产	14 000	13 000	27 000	(1) 3 000 (21) 20	(2) 200 (22) 600		29 220
在建工程	6 500	1 200	7 700				7 700
无形资产	3 000	900	3 900				3 900

第二部分 《企业会计准则第33号——合并财务报表》应用指南

续表

项目	A公司	B公司	合计金额	调整、抵销分录 借方	调整、抵销分录 贷方	少数股东权益	合并金额
商誉	0	0	0	(5) 1 660			1 660
递延所得税资产	0	0	0	(1) 100 (13) 70 (17) 40 (22) 145	(3) 100 (9) 5		250
非流动资产合计	69 750	18 000	87 750	8 395	19 015		77 130
资产总计	104 750	39 500	144 250	9 835	22 950		131 135
流动负债:							
短期借款	5 000	2 400	7 400				7 400
交易性金融负债	2 000	1 200	3 200				3 200
应付票据	6 500	1 800	8 300				8 300
应付账款	9 000	2 600	11 600	(7) 500			11 100
预收款项	2 000	1 950	3 950				3 950
应付职工薪酬	2 500	800	3 300				3 300
应交税费	1 350	700	2 050				2 050
应付股利	0	2 250	2 250	(10) 1 575			675
其他应付款	2 650	200	2 850				2 850

103

续表

项目	A公司	B公司	合计金额	调整、抵销分录 借方	调整、抵销分录 贷方	少数股东权益	合并金额
其他流动负债	1 000	450	1 450				1 450
流动负债合计	32 000	14 350	46 350	2 075	0		44 275
非流动负债：							0
长期借款	2 000	2 400	4 400				4 400
应付债券	10 000	3 500	13 500				13 500
长期应付款	3 000	0	3 000				3 000
递延所得税负债	0	100	100	(3) 300	(1) 1 000		800
非流动负债合计	15 000	6 000	21 000	300	1 000		21 700
负债合计	47 000	20 350	67 350	2 375	1 000		65 975
所有者权益（或股东权益）：							
实收资本（或股本）	25 000	10 000	35 000	(5) 10 000			25 000
资本公积	14 750	4 000	18 750	(5) 6 700	(1) 2 700		14 750
其他综合收益	0	150	150			45	105
盈余公积	9 000	1 600	10 600	(5) 1 600			9 000
未分配利润	9 000	3 400	12 400	14 442	12 008		9 966
归属于母公司所有者权益合计			0	(16) 48	(5) 6 330	45	58 821
少数股东权益					(18) 12	45	6 339

104

第二部分 《企业会计准则第33号——合并财务报表》应用指南

续表

项目	A公司	B公司	合计金额	调整、抵销分录 借方	调整、抵销分录 贷方	少数股东权益	合并金额
所有者权益合计	57 750	19 150	76 900	32 940	21 200		65 160
负债和所有者权益总计	104 750	39 500	144 250	35 315	22 200		131 135
（现金流量表项目）							
一、经营活动产生的现金流量：							
销售商品、提供劳务收到的现金	53 000	45 000	98 000	(14) 1 000	(14) 1 000		95 800
				(19) 1 200	(19) 1 200		
经营活动现金流入小计	53 000	45 000	98 000		2 200		95 800
购买商品、接受劳务支付的现金	42 400	36 600	79 000	(14) 1 000			76 800
				(19) 1 200			
支付给职工以及为职工支付的现金	6 000	4 500	10 500				10 500
支付的各项税费	4 495	1 775	6 270				6 270
经营活动现金流出小计	52 895	42 875	95 770	2 200			93 570
经营活动产生的现金流量净额	105	2 125	2 230	2 200			2 230
二、投资活动产生的现金流量：							
取得投资收益收到的现金	125	0	125	(23)			125
处置固定资产、无形资产和其他长期资产收回的现金净额	100	0	100		1 200		-1 100
投资活动现金流入小计	225	0	225	0	1 200		-975

续表

项目	A公司	B公司	合计金额	调整、抵销分录 借方	调整、抵销分录 贷方	少数股东权益	合并金额
购建固定资产、无形资产和其他长期资产支付的现金	1 030	225	1 255				55
投资活动现金流出小计	1 030	225	1 255				55
投资活动产生的现金流量净额	−805	−225	−1 030				−1 030
三、筹资活动产生的现金流量:							
吸收投资收到的现金	0	0	0	(23) 1 200			0
取得借款收到的现金	0	0	0				0
筹资活动现金流入小计	0	0	0	1 200			0
分配股利、利润或偿付利息支付的现金	950	750	1 700				1 700
筹资活动现金流出小计	950	750	1 700				1 700
筹资活动产生的现金流量净额	−950	−750	−1 700		1 200		−1 700
四、现金及现金等价物净增加额	−1 650	1 150	−500				−500
加:期初现金及现金等价物余额	4 500	2 100	6 600				6 600
五、期末现金及现金等价物余额	2 850	3 250	6 100				6 100

表9　　　　　　　　　　　　**合并资产负债表**　　　　　　　　　　　会合01表

编制单位：A公司　　　2×13年12月31日　　　　　　　　　单位：万元

资产	期末余额	年初余额	负债和所有者权益（或股东权益）	期末余额	年初余额
流动资产：			流动负债：		
货币资金	6 100		短期借款	7 400	
交易性金融资产	4 000		交易性金融负债	3 200	
应收票据	5 400		应付票据	8 300	
应收账款	6 320		应付账款	11 100	
预付款项	2 000		预收款项	3 950	
应收股利	825		应付职工薪酬	3 300	
其他应收款	900		应交税费	2 050	
存货	27 060		应付股利	675	
其他流动资产	1 400		其他应付款	2 850	
流动资产合计	54 005		其他流动负债	1 450	
非流动资产：			流动负债合计	44 275	
可供出售金融资产	5 400		非流动负债：		
持有至到期投资	9 000		长期借款	4 400	
长期股权投资	20 000		应付债券	13 500	
固定资产	29 220		长期应付款	3 000	
在建工程	7 700		递延所得税负债	800	
无形资产	3 900		非流动负债合计	21 700	
商誉	1 660		负债合计	65 975	
递延所得税资产	250		所有者权益（或股东权益）：		
非流动资产合计	77 130		实收资本（或股本）	25 000	
			资本公积	14 750	
			其他综合收益	105	
			盈余公积	9 000	
			未分配利润	9 966	
			归属于母公司所有者权益合计	58 821	
			少数股东权益	6 339	
			所有者权益合计	65 160	
资产总计	131 135		负债和所有者权益总计	131 135	

企业会计准则第33号——合并财务报表

表 10   合并利润表   会合02表

编制单位：A公司   2×13年度   单位：万元

项目	本期金额	上期金额
一、营业收入	120 200	
减：营业成本	83 760	
营业税金及附加	1 400	
销售费用	4 300	
管理费用	5 130	
财务费用	1 000	
资产减值损失	10	
加：投资收益（损失以"-"号填列）	3 425	
二、营业利润（亏损以"-"号填列）	28 025	
加：营业外收入	1 400	
减：营业外支出	1 800	
三、利润总额（亏损总额以"-"号填列）	27 625	
减：所得税费用	7 300	
四、净利润（净亏损以"-"号填列）	20 325	
少数股东损益	1 359	
归属于母公司股东的净利润	18 966	
五、其他综合收益的税后净额	150	
归属于母公司所有者的其他综合收益的税后净额	105	
以后将重分类进损益的其他综合收益	105	
其中：权益法核算的在被投资单位以后将重分类进损益的其他综合收益中所享有的份额	105	
归属于少数股东的其他综合收益的税后净额	45	
六、综合收益总额	20 475	
归属于母公司所有者的综合收益总额	19 071	
归属于少数股东的综合收益总额	1 404	

第二部分　《企业会计准则第 33 号——合并财务报表》应用指南

表 11　　　　　　　　　　　合并现金流量表　　　　　　　　　会合 03 表

编制单位：A 公司　　　　　　2×13 年度　　　　　　　　　　单位：万元

项目	本期金额	上期金额
一、经营活动产生的现金流量：		
销售商品、提供劳务收到的现金	95 800	
收到其他与经营活动有关的现金	0	
经营活动现金流入小计	95 800	
购买商品、接受劳务支付的现金	76 800	
支付给职工以及为职工支付的现金	10 500	
支付的各项税费	6 270	
支付其他与经营活动有关的现金	0	
经营活动现金流出小计	93 570	
经营活动产生的现金流量净额	2 230	
二、投资活动产生的现金流量：		
收回投资收到的现金	0	
取得投资收益收到的现金	125	
处置固定资产、无形资产和其他长期资产收回的现金净额	-1 100	
收到其他与投资活动有关的现金	0	
投资活动现金流入小计	-975	
购建固定资产、无形资产和其他长期资产支付的现金	55	
支付其他与投资活动有关的现金	0	
投资活动现金流出小计	55	
投资活动产生的现金流量净额	-1 030	
三、筹资活动产生的现金流量：		
吸收投资收到的现金	0	
收到其他与筹资活动有关的现金	0	
筹资活动现金流入小计	0	
偿还债务支付的现金	1 700	
支付其他与筹资活动有关的现金	0	
筹资活动现金流出小计	1 700	
筹资活动产生的现金流量净额	-1 700	
四、现金及现金等价物净增加额	-500	
加：期初现金及现金等价物余额	6 600	
五、期末现金及现金等价物余额	6 100	

根据上述合并资产负债表和合并利润表编制集团的合并所有者权益变动表如下:

表12

合并所有者权益变动表

2×13年度

编制单位：A公司　　　　　　　　　　　　　　　　　　　　　　　　　合合04表
　　　　　　　　　　　　　　　　　　　　　　　　　　　　　　　　　单位：万元

项目	本年金额							上年金额						
	归属于母公司所有者权益					少数股东权益	所有者权益合计	归属于母公司所有者权益					少数股东权益	所有者权益合计
	实收资本（或股本）	资本公积	其他综合收益	盈余公积	未分配利润	小计			实收资本（或股本）	资本公积	其他综合收益	盈余公积	未分配利润	小计		
一、上年年末余额	20 000	5 000	0	5 500	4 500	35 000	0	35 000								
加：会计政策变更																
前期差错更正																
二、本年年初余额	20 000	5 000	0	5 500	4 500	35 000	0	35 000								
三、本年增减变动金额（减少以"-"号填列）			105		18 966	19 071	1 404	20 475								
（一）综合收益总额																
（二）所有者投入和减少资本																

110

续表

项目	本年金额							上年金额						
	归属于母公司所有者权益						少数股东权益	所有者权益合计	归属于母公司所有者权益						少数股东权益	所有者权益合计
	实收资本（或股本）	资本公积	其他综合收益	盈余公积	未分配利润	小计			实收资本（或股本）	资本公积	其他综合收益	盈余公积	未分配利润	小计		
1. 所有者投入资本	5 000	9 750				14 750	5 610	20 360								
2. 其他																
（三）利润分配																
1. 提取盈余公积				3 500	-3 500											
3. 对所有者（或股东）的分配					-10 000	-10 000	-675	-10 675								
3. 其他																
（四）所有者权益内部结转																
四、本年末余额	25 000	14 750	105	9 000	9 966	58 821	6 339	65 160								

第四章　特殊交易的会计处理

一、追加投资的会计处理

追加投资既包括母公司购买少数股东拥有的子公司股权的情况，也包括企业因追加投资等原因能够对非同一控制下的被投资方实施控制的情况。追加投资的会计处理应分别个别财务报表和合并财务报表进行会计处理，个别财务报表的会计处理，参见《企业会计准则第2号——长期股权投资》（以下简称"长期股权投资准则"）的相关内容，合并财务报表中的会计处理应当分别以下情况：

（一）母公司购买子公司少数股东拥有的子公司股权的，本准则第四十七条规定，因购买少数股权新取得的长期股权投资与按照新增持股比例计算应享有子公司自购买日（或合并日）开始持续计算的净资产份额之间的差额，应当调整资本公积（资本溢价或股本溢价），资本公积不足冲减的，调整留存收益。

【例21】2×12年12月29日，A公司以8 000万元取得B公司70%的股权，能够对B公司实施控制，形成非同一控制下的企业合并。2×13年12月25日，A公司又以公允价值为3 000万元，原账面价值为2 500万元的固定资产作为对价，自B公司的少数股东取得B公司20%的股权。本例中A公司与B公司的少数股东在交易前不存在任何关联方关系（不考虑所得税等影响）。

2×12年12月29日，A公司在取得B公司70%股权时，B公司可辨认净资产公允价值为10 000万元。

2×13年12月25日，B公司自购买日开始持续计算的净资产账面价值为11 000万元。

本例中，2×13年12月25日，A公司进一步取得B公司20%的股权时，A公司合并财务报表的会计处理如下：

合并财务报表中，B公司的有关资产、负债按照自购买日开始持续计算的价值进行合并，无需按照公允价值进行重新计量。A公司按新增持股比例计算应享有自购买日开始持续计算的净资产份额为2 200万元［11 000×（90%－70%）］，与新增长期股权投资（3 000万元）之间的差额为800万元，在合并资产负债表中应调整所有者权益相关项目，首先调整归属于母公司的资本公积（资本溢价或股本溢价），资本公积不足冲减的，冲减归属于母公司的盈余公积，盈余公积不足冲减的，冲减归属于母公司的未分配利润。

A公司作为对价的固定资产的公允价值为3 000万元，与原账面价值2 500万元的差异500万元应计入合并利润表中的营业外收入。

（二）企业因追加投资等原因能够对非同一控制下的被投资方实施控制的，本准则第四十八条规定，对于购买日之前持有的被购买方的股权，应当按照该股权在购买日的公允价值进行重新计量，公允价值与其账面价值之间的差额计入当期投资收益；购买日之前持有的被购买方的股权涉及权益法核算下的其他综合收益以及除净损益、其他综合收益和利润分配外的其他所有者权益变动（以下简称"其他所有者权益变动"）的，与其相关的其他综合收益、其他所有者权益变动应当转为购买日所属当期收益，由于被投资方重新计量设定受益计划净负债或净资产变动而产生的其他综合收益除外。

企业通过多次交易分步实现非同一控制下企业合并的,在合并财务报表上,首先,应结合分步交易的各个步骤的协议条款,以及各个步骤中所分别取得的股权比例、取得对象、取得方式、取得时点及取得对价等信息来判断分步交易是否属于"一揽子交易"。本准则第五十一条规定,各项交易的条款、条件以及经济影响符合以下一种或多种情况的,通常应将多次交易事项作为"一揽子交易"进行会计处理:(1)这些交易是同时或者在考虑了彼此影响的情况下订立的;(2)这些交易整体才能达成一项完整的商业结果;(3)一项交易的发生取决于至少一项其他交易的发生;(4)一项交易单独看是不经济的,但是和其他交易一并考虑时是经济的。

如果分步取得对子公司股权投资直至取得控制权的各项交易属于"一揽子交易",应当将各项交易作为一项取得子公司控制权的交易,并区分企业合并的类型分别进行会计处理。

如果不属于"一揽子交易",在合并财务报表中,还应区分企业合并的类型分别进行会计处理。对于分步实现的非同一控制下企业合并,购买日之前持有的被购买方的股权,应当按照该股权在购买日的公允价值进行重新计量,公允价值与其账面价值的差额计入当期投资收益;购买日之前持有的被购买方的股权涉及权益法核算下的其他综合收益、其他所有者权益变动的,应当转为购买日所属当期收益,由于被投资方重新计量设定受益计划净负债或净资产变动而产生的其他综合收益除外。

【例22】2×10年1月1日,A公司以每股5元的价格购入B上市公司股票100万股,并由此持有B公司2%股权。投资前A公司与B公司不存在关联方关系。A公司将对B公司的该项投资作为可供出售金融资产。2×13年1月1日，A公司以现金1.75亿元为对价，向B公司大股东收购B公司50%的股权，从而取得对B公司的控制权；B公司当日股价为每股7元，B公司可辨认净资产的公允价值为2亿元。A公司购买B公司2%股权和后续购买50%的股权不构成"一揽子交易"（不考虑所得税等影响）。

A公司在编制合并财务报表时，首先，应考虑对原持有股权进行公允价值的重新计量。由于A公司将原持有B公司2%的股权作为可供出售金融资产进行核算，因此，购买日（即2×13年1月1日）该项可供出售金融资产的公允价值与其账面价值相等，即700万元，不存在差额；同时，将原计入其他综合收益的200万元[100×(7-5)]转入合并当期投资收益。

其次，按照企业合并准则有关非同一控制下企业合并的相关规定，A公司购买B公司股权并取得控制权的合并对价为1.82亿元（原持有股权在购买日的公允价值700万元+合并日应支付的对价1.75亿元）。由于A公司享有B公司于购买日的可辨认净资产公允价值的份额为1.04亿元（2×52%），因此，购买日形成的商誉为0.78亿元（1.82-1.04）。

【例23】2×10年1月1日，A公司以现金3 000万元取得B公司20%股权并具有重大影响，按权益法进行核算。当日，B公司可辨认净资产公允价值为1.4亿元。2×13年1月1日，A公司另支付现金8 000万元取得B公司40%股权，并取得对B公司的控制权。购买日，A公司原持有的对B公司20%股权的公允价值为4 000万元，账面价值为3 500万元（其中，与B公司权益法核算相关的累计净损益为 100 万元、累计其他综合收益为 400 万元）；B 公司可辨认净资产公允价值为 1.8 亿元（不考虑所得税等影响）。

A 公司在编制合并财务报表时，首先，应考虑对原持有股权进行公允价值的重新计量。购买日（即 2×13 年 1 月 1 日），该项股权投资的公允价值（4 000 万元）与其账面价值（3 500 万元）的差额为 500 万元计入合并当期投资收益，同时，将原计入其他综合收益的 400 万元转入合并当期投资收益。

其次，按照企业合并准则有关非同一控制下企业合并的相关规定，A 公司购买 B 公司股权并取得控制权的合并对价 1.2 亿元（原持有股权于购买日的公允价值 4 000 万元+合并日应支付的对价 8 000 万元）。由于 A 公司享有 B 公司于购买日的可辨认净资产公允价值的份额为 1.08 亿元（1.8×60%），因此，购买日形成的商誉为 0.12 亿元（1.2－1.08）。

（三）通过多次交易分步实现的同一控制下企业合并

对于分步实现的同一控制下企业合并，根据企业合并准则，同一控制下企业合并在编制合并财务报表时，应视同参与合并的各方在最终控制方开始控制时即以目前的状态存在进行调整，在编制比较报表时，以不早于合并方和被合并方同处于最终控制方的控制之下的时点为限，将被合并方的有关资产、负债并入合并方合并财务报表的比较报表中，并将合并而增加的净资产在比较报表中调整所有者权益项下的相关项目。

为避免对被合并方净资产的价值进行重复计算，合并方在取得被合并方控制权之前持有的股权投资，在取得原股权之日与合并方和被合并方同处于同一方最终控制之日孰晚日起至合并日之间已确认有关损益、其他综合收益以及其他净资产变动，应分别冲减比较报表期间的期初留存收益或当期损益。

【例24】A公司为P公司的全资子公司。2×10年1月1日，A公司与非关联方B公司分别出资200万元及800万元设立C公司，并分别持有C公司20%及80%的股权。

2×12年1月1日，P公司向B公司收购其持有C公司80%的股权，C公司成为P公司的全资子公司，当日C公司净资产的账面价值与其公允价值相等。

2×13年1月1日，A公司向P公司购买其持有C公司80%的股权，C公司成为A公司的全资子公司。

A公司与B公司不存在关联关系，A公司购买C公司80%股权的交易和原取得C公司20%股权的交易不属于"一揽子交易"，A公司在可预见的未来打算一直持有C公司股权。

2×10年1月1日至2×12年1月1日，C公司实现净利润500万元，2×12年1月1日至2×13年1月1日，实现的净利润为300万元（不考虑所得税等影响）。

本例中，2×13年1月1日，A公司从P公司手中购买C公司80%股权的交易属于同一控制下企业合并。A公司虽然2×10年1月1日开始持有C公司20%的股权，但2×12年1月1日开始与C公司同受P公司最终控制，A公司合并财务报表应自取得原股权之日（即2×10年1月1日）和双方同处于同一方最终控制之日（2×12年1月1日）孰晚日（即2×12年1月1日）起开始将C公司纳入合并范围，即：视同自2×12年1月1日起A公司即持有C公司100%股权并重述合并财务报表的比较数据。2×10

年1月1日至2×12年1月1日的合并财务报表不应重溯。

在A公司合并财务报表中，重溯2×12年1月1日的报表项目，由于C公司净资产的账面价值为1 500万元（1 000＋500）。此前，2×12年1月1日持有对C公司的长期股权投资的账面价值为300万元（200＋500×20%）。因此，A公司在编制合并财务报表时，将C公司2×12年（比较期间）初各项资产、负债并入后，因合并而增加的净资产1 500万元应调整资本公积1 200万元（1 500－300）。

借：资产、负债　　　　　　　　　15 000 000
　　贷：长期股权投资　　　　　　　3 000 000
　　　　资本公积　　　　　　　　 12 000 000

A公司对于合并日（即2×13年1月1日）的各报表项目，除按照本书"第三章——合并程序"的一般规定编制合并分录外，还应冲减2×12年1月1日至2×13年1月1日对C公司20%的投资的权益法核算结果，即，冲减期初留存收益300万元×20%＝60（万元）。

借：期初留存收益　　　　　　　　　600 000
　　贷：长期股权投资　　　　　　　　600 000

如果合并日不在年初，对于C公司当年实现的净利润中按照权益法核算归属于A公司的份额，还应冲减当期投资收益。

二、处置对子公司投资的会计处理

处置对子公司的投资既包括母公司处置对子公司长期股权投资但不丧失控制权的情况，也包括处置对子公司长期股权投资而丧失控制权的情况。处置子公司的会计处理应分别个别财务报表和合并财务报表进行会计处理,个别财务报表的会计处理,参见长期股权投资准则的相关内容,合并财务报表中的会计处理应当分别以下情况:

(一)母公司在不丧失控制权的情况下部分处置对子公司的长期股权投资的,本准则第四十九条规定,处置价款与处置长期股权投资相对应享有子公司自购买日或合并日开始持续计算的净资产份额之间的差额,应当调整资本公积(资本溢价或股本溢价),资本公积不足冲减的,调整留存收益。

(二)母公司因处置对子公司长期股权投资而丧失控制权的

1. 一次交易的处置

本准则第五十条规定,母公司因处置部分股权投资或其他原因丧失了对原有子公司控制的,在合并财务报表中,对于剩余股权,应当按照丧失控制权日的公允价值进行重新计量。处置股权取得的对价和剩余股权公允价值之和,减去按原持股比例计算应享有原有子公司自购买日开始持续计算的净资产的份额与商誉之和的差额,计入丧失控制权当期的投资收益。

此外,与原有子公司的股权投资相关的其他综合收益、其他所有者权益变动,应当在丧失控制权时转入当期损益,由于被投资方重新计量设定受益计划净负债或净资产变动而产生的其他综合收益除外。

【例25】2×10年6月30日,A公司以现金9 000万元取得了B公司60%的股权,并自该日起控制B公司,由于收购B公司产生商誉3 000万元。当日,B公司可辨认净资产账面价值为9 500万元,公允价值为10 000万元。

2×12年6月30日,A公司以8 000万元的对价将其持有的 B 公司 40% 的股权出售给第三方公司，处置后对 B 公司的剩余持股比例降为 20%。剩余 20% 股权的公允价值为 4 000 万元。当日，B 公司可辨认净资产账面价值为 10 200 万元，自购买日开始持续计算的可辨认净资产账面价值为 10 700 万元。

B 公司在 2×10 年 7 月 1 日至 2×12 年 6 月 30 日之间实现的净利润为 600 万元，其他综合收益为 100 万元。其他综合收益源自 B 公司的联营公司的其他综合收益的变动，A 公司商誉未减值（不考虑所得税等影响）。

本例中，A 公司应在合并财务报表中进行如下会计处理：

第一，终止确认长期股权资产、商誉等的账面价值，并终止确认少数股东权益（包括属于少数股东的其他综合收益）的账面价值。

第二，视同在丧失控制权之日处置子公司，并按当日剩余 20% 股权的公允价值（4 000 万元）重新计量该剩余股权。

同时，分别根据长期股权投资准则或《企业会计准则第 22 号——金融工具确认和计量》（以下简称"金融工具确认和计量准则"）对该 20% 剩余股权进行会计处理，并列示于 A 公司合并财务报表中。

第三，处置股权取得的对价（8 000 万元）与剩余股权公允价值（4 000 万元）之和 12 000 万元，减去按原持股比例（60%）计算应享有 B 公司自购买日开始持续计算的可辨认净资产账面价值的份额 6 420 万元（10 700 × 60%）以及与 B 公司的相关商誉 3 000 万元之间的差额 2 580 万元（12 000 − 6 420 − 3 000），计入丧失控制权当期的投资收益。

最后，B公司其他综合收益和其他所有者权益中归属于A公司的部分60万元（100×60%）也应当转为当期投资收益。

2. 多次交易分步处置子公司

（1）会计处理。

企业通过多次交易分步处置对子公司股权投资直至丧失控制权，在合并财务报表中，首先，应结合分步交易的各个步骤的交易协议条款、分别取得的处置对价、出售股权的对象、处置方式、处置时点等信息来判断分步交易是否属于"一揽子交易"（见本章第一部分）。

如果分步交易不属于"一揽子交易"，则在丧失对子公司控制权以前的各项交易，应按照本章上述"母公司在不丧失控制权的情况下部分处置对子公司的长期股权投资"的有关规定进行会计处理。

如果分步交易属于"一揽子交易"，则应将各项交易作为一项处置原有子公司并丧失控制权的交易进行会计处理，其中，对于丧失控制权之前的每一次交易，处置价款与处置投资对应的享有该子公司自购买日开始持续计算的净资产账面价值的份额之间的差额，在合并财务报表中应当计入其他综合收益，在丧失控制权时一并转入丧失控制权当期的损益。

【例26】A公司主要从事机械产品的生产与销售，B公司为A公司的全资子公司，主要从事化工产品的生产与销售。A公司计划整合集团业务、剥离辅业，集中发展机械产品的主营业务。2×11年11月30日，A公司与C公司签订不可撤销的转让协议，约定A公司向C公司转让其持有的B公司100%股权，对价总额为5 000万元。考虑到C公司的资金压力以及股权平稳过渡，双方在协议中约定，

C公司应在2×11年12月31日之前支付2 000万元，以先取得B公司20%股权；C公司应在2×12年12月31日之前支付3 000万元，以取得B公司剩余80%股权。2×11年12月31日至2×12年12月31日期间，B公司的相关活动仍然由A公司单方面主导，若B公司在此期间向股东进行利润分配，则后续80%股权的购买对价按C公司已分得的金额进行相应调整。

2×11年12月31日，按照协议约定，C公司向A公司支付2 000万元，A公司将其持有的B公司20%股权转让给C公司并已办理股权变更手续；当日，B公司自购买日持续计算的净资产账面价值为3 500万元。

2×12年6月30日，C公司向A公司支付3 000万元，A公司将其持有的B公司剩余80%股权转让给C公司并已办理股权变更手续，自此C公司取得B公司的控制权；当日，B公司自购买日持续计算的净资产账面价值为4 000万元。

2×12年1月1日至2×12年6月30日，B公司实现净利润500万元，无其他净资产变动事项（不考虑所得税等影响）。

本例中，A公司通过两次交易处置其持有的B公司100%股权，第一次交易处置B公司20%股权，仍保留对B公司的控制；第二次交易处置剩余80%股权，并于第二次交易后丧失对B公司的控制权。

首先，需要分析上述两次交易是否属于"一揽子交易"：

1. A公司处置B公司股权的商业目的是出于业务整合，剥离辅业的考虑，A公司的目的是处置其持有的B公司100%股权，两次处置交易结合起来才能达到其商业目的；

2. 两次交易在同一转让协议中同时约定；

3. 第一次交易中，20%股权的对价为2 000万元，相对于100%股权的对价总额5 000万元而言，第一次交易单独看并不经济，和第二次交易一并考虑才反映真正的经济影响，此外，如果在两次交易期间B公司进行了利润分配，也将据此调整对价，说明两次交易是在考虑了彼此影响的情况下订立的。

综合上述，在合并财务报表中，两次交易应作为"一揽子交易"，按照分步处置子公司股权至丧失控制权并构成"一揽子交易"的相关规定进行会计处理。

2×11年12月31日，A公司转让持有的B公司20%股权，在B公司的股权比例下降至80%，A公司仍控制B公司。处置价款2 000万元与处置20%股权对应的B公司净资产账面价值的份额700万元（3 500×20%）之间的差额1 300万元，在合并财务报表中计入其他综合收益：

借：银行存款　　　　　　　　20 000 000
　　贷：少数股东权益　　　　　 7 000 000
　　　　其他综合收益　　　　　13 000 000

此外，由于A公司已经签订了不可撤销的股权出售协议且预计处置将在1年内完成，A公司还应根据《企业会计准则第30号——财务报表列报》（以下简称"财务报表列报准则"）有关持有待售资产和终止经营的有关规定进行相应的会计处理和列报。2×12年1月1日至2×12年6月30日，B公司作为A公司持股80%的非全资子公司纳入A公司合并财务报表合并范围，B公司实现的净利润500万元中归属于C公司的份额100万元（500×20%），在A公司合并财务报表中确认少数股东损益100万元，并调整少数股东权益。

2×12年6月30日，A公司转让B公司剩余80%股权，丧失对B公司控制权，不再将B公司纳入合并范围。A公司应终止确认对B公司长期股权投资及少数股东权益等，并将处置价款3 000万元与享有的B公司净资产份额3 200万元（4 000×80%）之间的差额200万元，计入当期损益；同时，将第一次交易计入其他综合收益的1 300万元转入当期损益。

（2）所得税影响。

根据我国《企业所得税法》的相关规定，符合条件的居民企业之间的股息、红利等权益性投资收益为免税收入。因此，通常情况下，当居民企业持有另一居民企业的股权意图为长期持有，通过股息、红利或者其他协同效应获取回报时，其实质所得税率为零，不存在相关所得税费用。只有当居民企业通过转让股权获取资本利得收益时，该笔资产转让利得才产生相应的所得税费用。

实务中，由于股权投资的处置往往需要董事会和股东大会的审议，涉及重大交易还需要相关监管部门的审批核准，后续公司还要进行股权交割和工商登记变更等手续，期间涉及流程和手续较多，从公司有明确意图处置股权至实际转移之间往往存在跨期的情况。如果资产负债表日股权处置已由股东大会等权力机构审议通过，也经相关监管部门审批批准，即使尚未办理实际转移手续等，公司处置该项长期股权投资的意图已经十分清晰，将股权处置损益的所得税影响延迟到下一会计期间进行处理往往会导致低估递延所得税负债、高估利润的情况。因此，如果预期出现母公司处置股权至实际转移之间存在跨期的情况，母公司应在合并财务报表中考虑上述递延所得税的影响。

三、因子公司的少数股东增资而稀释母公司拥有的股权比例

有时,子公司的其他股东对子公司进行增资,由此稀释了母公司对子公司的股权比例,在这种情况下,应当按照增资前的母公司股权比例计算其在增资前子公司账面净资产中的份额,该份额与增资后按母公司持股比例计算的在增资后子公司账面净资产份额之间的差额计入资本公积,资本公积不足冲减的,调整留存收益。

【例27】A公司原持有B公司100%的股权并控制B公司。2×11年1月1日,第三方C公司向B公司增资100万元,增资前B公司净资产账面价值为900万元,增资后B公司净资产账面价值和公允价值均为1 000万元。增资后C公司占B公司10%的股权,A公司仍控制B公司(不考虑所得税等影响)。

本例中,由于第三方C公司增资导致A公司持股比例下降。A公司按原持股比例享有的子公司净资产账面价值的份额900万元(900万元×100%)和按新持股比例享有的子公司净资产账面价值900万元(1 000万元×90%)份额之间的差额为0,因此对归属母公司股东的权益不产生影响。

【例28】2×11年,A公司和B公司分别出资750万元和250万元设立C公司,A公司、B公司的持股比例分别为75%和25%。C公司为A公司的子公司。

2×12年B公司对C公司增资500万元,增资后占C公司股权比例为35%。交易完成后,A公司仍控制C

公司。

C公司自成立日至增资前实现净利润1 000万元，除此以外，不存在其他影响C公司净资产变动的事项（不考虑所得税等影响）。

本例中，在A公司合并财务报表中，B公司对C公司增资的会计处理如下：

A公司持股比例原为75%，由于少数股东增资而变为65%。增资前，A公司按照75%的持股比例享有的C公司净资产账面价值为1 500万元（2 000×75%）；增资后，A公司按照65%持股比例享有的净资产账面价值为1 625万元（2 500×65%），两者之间的差额125万元，在A公司合并资产负债表中应调增资本公积。

四、其他特殊交易

本准则第五十二条规定，对于站在企业集团合并财务报表角度的确认和计量结果与其所属的母公司或子公司的个别财务报表层面的确认和计量结果不一致的，在编制合并财务报表时，应站在企业集团角度对该特殊交易事项予以调整。

随着我国市场经济的快速发展和各类型经济交易的日益复杂化、多元化，在母、子公司个别财务报表及在母公司合并财务报表中，部分特殊交易由于会计主体假设的不同而导致对同一事项的会计处理结果存在差异。在这种情况下，仅仅通过常规的抵销分录则难以真实、全面地反映企业集团整体财务状况、经营成果和现金流量状况，需要站在企业集团合并财务报表的角度对这类交易予以调整。例如，母公司将借款作为实收资本投入子公司用于长期资产的建造，母公司应在合并财务报表层面反映借款利息的资本化金额。再如，子公司作为投资性房地产的大厦，出租给集团内其他企业使用，母公司应在合并财务报表层面作为固定资产反映。

第三部分
《企业会计准则第33号 ——合并财务报表》修订说明

一、本准则的修订背景

（一）解决原准则实施中存在的具体问题

原准则于 2007 年开始实施后，根据调研和实务反映，原准则在执行中主要存在两个问题：一是原准则有规范，但针对具体业务缺乏明确的处理，如原准则要求抵销母子公司内部交易的影响，但未明确逆流交易如何抵销等；二是出现了一些新的经济业务，原准则对此没有规范，如因结构化主体的出现而对控制判断的影响等。这样，使得企业在编制合并财务报表时不知道如何处理，或者处理方法不尽一致，导致企业集团之间的合并财务报表缺乏信息可比性，不利于财务报表使用者全面了解并评估企业集团的财务状况和经营成果等。为解决实务中的新问题新情况，推动企业会计准则的有效实施、降低企业信息编制成本，有必要修订原准则，明确新问题新情况的相应处理。

（二）吸收解释、年报通知等相关内容以完善我国准则体系

原准则发布后，我部陆续通过企业会计准则解释 1 至 6 号、《关于执行会计准则的上市公司和非上市企业做好 2009 年年报工作的通知》（财会〔2009〕16 号）、《关于不丧失控制权情况下处置部分对子公司投资会计处理的复函》（财会便〔2009〕14 号）等文件形式对准则中的部分内容进行了修订和完善，以解决实务中出现的新问题。但由于上述规定散见在不同文件中，而且有的文件法律层次较低，不便于企业贯彻实施。

原准则执行7年来，有必要将散见于解释、年报通知、司便函等文件中的有关规定进行全面梳理和整合，修订并完善合并财务报表准则。

（三）保持与国际财务报告准则的持续趋同

国际会计准则理事会于2011年5月发布《国际财务报告准则第10号——合并财务报表》（以下简称"IFRS10"），以取代《国际会计准则第27号——合并财务报表和单独财务报表》有关合并财务报表的部分以及《解释公告第12号——合并：特殊目的主体》。IFRS10以控制作为判断合并范围的唯一标准，明确规定了控制的定义和判断原则，并就各种情况下如何应用控制原则提供了详细指引，包括实质性控制的判断、主要责任人与代理人的判断、潜在表决权的考虑等。根据国际财务报告准则的新变化，遵循2010年发布的《中国企业会计准则与国际财务报告准则持续趋同路线图》，有必要及时对我国合并财务报表准则进行修订。

二、本准则的修订过程

自2007年企业会计准则实施以来，我们密切关注合并财务报表准则实施中存在的问题。结合我国国内企业实务需要，并借鉴国际财务报告准则，我们于2012年着手启动了本准则的修订工作。

根据我国会计准则制定程序，我们在多次听取来自国内A+H股上市公司财务负责人、财政部会计领军人才、会计学术界等代表意见的基础上起草了准则草稿，几经易稿，形成准则讨论稿。

第三部分 《企业会计准则第33号——合并财务报表》修订说明

为完善该讨论稿,我们征求了相关部门意见,并赴企业、会计师事务所进行了实地调研,具体包括:一是召开企业会计准则修订专题研讨会,听取部分会计师事务所、证券监管机构和企业的专家对修订稿的意见;二是赴上海调研,听取上交所、部分会计师事务所和企业对制定合并财务报表准则的意见和建议;三是请熟悉国际财务报告准则的专家介绍有关国际准则项目的修订背景、内涵和应用情况。根据大家意见完善准则讨论稿后,于2012年8月向会计准则委员会各委员征求意见。总体上,各委员都支持我国准则制定机构根据《中国企业会计准则与国际财务报告准则持续趋同路线图》的要求,结合我国实际情况,修订我国合并财务报表准则。

此后,我们按照各位委员反馈的意见和实务需要修改完善讨论稿,并在此基础上形成了本准则征求意见稿,于2012年11月15日向社会公开征求意见。截至2013年2月16日,我们共收到82份反馈意见。社会各界从企业会计实务的实际情况、会计准则国际持续趋同等方面提出了一些建议,并对征求意见稿中所列具体问题、起草应用指南中应注意的事项、准则行文表述等提出意见和建议。

我们认真研究并充分吸收了各方的反馈意见和建议,形成了本准则的草案,并于2013年8月再次向会计准则委员会各委员征求意见,进一步修改完善本准则。自本准则相关文件公开征求意见以来,我们和国际会计准则理事会、香港会计师公会、国内实务界等多次召开座谈会,研讨本准则起草过程中的技术问题,不断修改完善准则征求意见稿,形成草案,经部条法司审核、报部领导批准后予以发布。

本准则于2014年1月26日正式发布,并要求自2014

年 7 月 1 日起在所有执行企业会计准则的企业范围内施行。

三、关于合并范围的豁免

（一）增加了投资性主体的豁免

原准则不包括投资性主体的豁免，IFRS10 豁免投资性主体编制合并财务报表。对此问题，有三种意见：

多数意见认为，修订后的长期股权投资准则将风险投资机构、共同基金以及类似主体持有的权益性投资排除在长期股权投资准则之外，明确这类投资可适用金融工具确认和计量准则，因此，应豁免投资性主体编制合并财务报表，对其子公司采用公允价值计量，且这种处理与国际财务报表准则保持了一致。

有意见认为，国际会计准则理事会作出投资性主体合并范围排除的规定，是基于投资性主体的投资目的是通过资本增资、投资收益获得回报，以公允价值计量该等投资，可以为报表使用者提供更相关的财务信息。但我国的市场活跃程度与国外发达地区存在明显差异，直接从公开市场中获取公允价值比较困难，需要运用估计。一旦运用会计估计来确定公允价值，计量的可靠性就会存在问题，从而使得报表的相关性下降。因此，就我国情况而言，采用公允价值计量投资性主体的投资并非是最佳选择，换言之，并不一定能给报表使用者提供最为相关的信息。

另有意见认为，在投资性主体的个别财务报表中将其控制的投资作为交易性金融资产，与在合并财务报表中将其纳入合并范围并不矛盾。在我国的现行实务中，由于母公司个别财务报表与合并财务报表是一并报出的，在投资性主体的个别财务报表中按公允价值列报其控制的投资，在合并财务报表中纳入所控制投资的财务状况、经营成果和现金流量，可以全面满足报表使用者的需求。因此，不建议对投资性主体豁免编制合并财务报表。

本准则采纳了第一种意见，主要理由：一是随着我国市场经济的发展，投资性主体越来越多，这类主体所采用的业务模型与其他大多数主体不同，对其所有投资都是基于公允价值管理，且在对内对外进行业绩评价、提供决策依据的时候也都以公允价值为基础；二是如果投资性主体将子公司纳入合并范围，但对合营企业、联营企业等投资可能采用公允价值计量，将影响不同被投资方的可比性；三是随着我国资本市场的不断完善，评估行业及风险投资行业不断发展，公允价值应用已逐步广泛。为遵循与 IFRS10 的趋同，本准则规定投资性主体豁免编制合并财务报表。

（二）关于部分企业集团编制合并财务报表的豁免

原准则要求所有母公司都应当编制合并财务报表。实务中，部分企业反映他们并无编制提供合并财务报表的信息需求，建议参考《关于执行〈企业会计制度〉和相关会计准则有关问题解答（二）》中的有关规定豁免部分企业集团编制合并财务报表，即：国有资产授权经营管理的企业、股票上市的企业、需要编制合并财务报表的外贸企业、需要对外提供合并财务报表的其他企业必须编制合并财务报表，除此之外的企业集团是否编制合并财务报表由企业管理当局自行确定。IFRS10 中没有类似的规定。对此问题，主要有两种意见：

多数意见认为，没有必要在准则中引入豁免性规定，主要理由：一是合并财务报表是集团母公司股东了解投资全貌和考核管理层的重要途径，也是投资者和政府有关部门了解企业全貌的主要信息来源，如果允许企业管理层自行确定是否编制合并财务报表，将会引起负面影响。如，目前国有企业、集体企业和外商投资企业的报表决策数据均是按照合并财务报表的口径统计的，如果豁免，将对数据统计和分析产生很大影响，前后不一致的口径也容易对决策产生误导；二是IFRS10规定母公司只有同时满足四个条件才能够豁免编制合并财务报表，而上述豁免没有任何条件，这将会导致很多企业包括亏损企业的母公司不将其纳入合并财务报表，合并财务报表缺乏真实性。

部分意见认为，有必要做出豁免规定。主要理由：在一定范围内做出豁免规定，能够降低企业编制成本。他们认为可以豁免编制合并财务报表的企业集团包括但不限于以下几类：①非上市或发行债券的民营企业及外商投资企业，若企业自身没有使用合并报表的需求，建议可以豁免编制合并财务报表；②有外部融资需求，但资金提供方仅要求提供母公司报表的企业集团应当予以豁免。需要银行贷款的企业，母公司自身的经营状况和经济效益情况可能对银行来说更为看重；③很多企业对外提供财务报表时，其主要使用者是税务机关，而税务机关通常可能更关注母公司个别财务报表；④按企业会计准则核算的事业单位，如无需对外提供合并报表，可由企业管理层自行确定是否需要编制合并报表；⑤拥有50%以下股权但通过协议有实质控制的中小企业，可由企业管理层自行确定是否需要编制合并报表等。

本准则采纳了第一种意见，要求除投资性主体外，所有企业集团都应编制合并财务报表。

四、关于控制的定义和具体判断原则

原准则规定,控制是指一个企业能够决定另一个企业的财务和经营政策,并能据以从另一个企业的经营活动中获取利益的权力;此后,通过解释等方式,增加了母公司有关控制特殊目的主体的判断,主要应考虑四方面的因素:一是母公司为融资、销售商品或提供劳务等特定经营业务的需要直接或间接设立特殊目的主体;二是母公司具有控制或获得控制特殊目的主体或其资产的决策权;三是母公司通过章程、合同、协议等具有获取特殊目的主体大部分利益的权力;四是母公司通过章程、合同、协议等承担了特殊目的的主体的大部分风险。上述规定与原国际财务报告准则的要求一致。

IFRS10修订了控制的定义和判断原则,要求只有具备控制定义的三要素时,投资方对被投资方才具有控制:一是投资方对被投资方拥有权力;二是通过参与被投资方相关活动而取得可变回报;三是运用对被投资方的权力影响回报金额。

反馈意见一致认可应根据IFRS10修订控制的定义及其判断原则修订我国准则,同时建议在应用指南中增加相应的解释和案例说明。本准则采纳了上述意见,并在应用指南中予以详细解释。

五、关于是否允许母子公司的会计期间最多有三个月差异

原准则不允许统一会计期间不切实可行时母子公司的

会计期间最多有三个月差异，IFRS10允许在统一母子公司会计期间不切实可行时母子公司会计期间最多存在三个月差异，同时要求在附注中披露这一情况及相应的原因。对此问题，主要有两种意见：

大多数意见认为，统一会计期间不切实可行时不应当允许母子公司的会计期间最多有三个月差异。主要理由：一是资产负债表是反映公司某一时点财务状况的数据表，三个月的时间有可能会引起较大财务状况的变化，将导致合并财务报表反映的财务数据并不是客观真实的；二是允许差异三个月，对于差异六个月的企业集团不公平；三是对于某些业务季节性比较强的企业，该差异性可能会对报表数据有显著影响；四是允许该差异存在可能导致个别企业利用这一规定达到调节财务报表利润的目的；五是我国的会计年度和财政年度是统一的，一般不会存在统一会计期间不切实可行的现象。

部分意见认为，统一会计期间不切实可行时应当允许母子公司的会计期间最多有三个月差异。

原准则施行7年来实务中对此没有异议，本准则维持了原准则的规定。国际会计准则理事会也认可这一做法。

六、关于母子公司交互持股的抵销处理

原准则不包括母子公司交互持股时如何进行抵销处理的规定，IFRS10也不包括此部分内容。但是，实务中不少企业集团存在母子公司交互持股的情况，我们就本准则是否应当予以规范及如何规范广泛征求了意见。对此问题，主要有两种意见：

绝大多数意见认为，应当规范母子公司交互持股的抵

销处理，且我们提供的采用库存股法的处理比较恰当，能够真实反映集团公司的整体信息。

个别反馈意见认为，不宜在准则中对企业集团内母子公司交互持股事项作出规范，以避免虚增公司资本之嫌。

本准则从实务需要出发采纳了第一种意见。

七、关于"少数股东权益"和"非控制性权益"的用词表达

原准则对非控制方持有的被投资方权益一直使用"少数股东权益"一词表达，IFRS10则使用"非控制性权益"一词表达，二者意思完全一致，但用词不同。关于是否需要按照国际准则修改用词表达，主要有两种意见：

多数意见认为，在没有实质性内容改变的情况下，应尽可能不要修改。

部分意见认为，有必要将"少数股东权益"改为"非控制性权益"，主要理由：控制是确定合并范围的唯一标准，而股权的多少并非判断控制的唯一标准，因此，持有少数股东权益的投资方不一定不是控制方，使用"非控制性权益"不仅较好地表达了这层意思，而且可以避免与国际财务报告准则用词的不一致。

本准则继续采用了"少数股东权益"一词，主要原因在于该词已为大家所熟悉，且执行中不存在歧义。

八、吸收整合解释等相关内容

本准则吸纳了已发布的解释、年报通知、司便函等文件相关规定：

（一）明确规定购买少数股权、不丧失控制权情况下处置部分对子公司投资交易在合并财务报表层面应作为权益性交易进行会计处理。

（二）明确规定因抵销未实现内部销售损益导致合并资产负债表中资产、负债的账面价值与其在所属纳税主体的计税基础之间产生暂时性差异的，在合并财务报表层面应确认相应的所得税影响。

（三）明确规定因处置部分股权投资或其他原因丧失对原有子公司控制权的，在合并财务报表层面应视为处置子公司同时取得一项新的投资性资产，对剩余股权应按照其丧失控制权日的公允价值进行重新计量。

（四）明确规定子公司当期综合收益中属于少数股东权益的份额，应当在合并利润表中综合收益总额项目下以"归属于少数股东的综合收益总额"项目列示。

（五）明确规定子公司少数股东分担的当期亏损超过了少数股东在该子公司期初所有者权益中所享有的份额的，其余额仍应当冲减少数股东权益。

第四部分

Accounting Standard for Business Enterprises No. 33—Consolidated Financial Statements

第四部分 Accounting Standard for Business Enterprises No. 33—Consolidated Financial Statements

Chapter 1   General Provisions

Article 1   This Standard is formulated in accordance with "Accounting Standard for Business Enterprises-Basic Standard" for the purpose of prescribing the preparation and presentation of consolidated financial statements.

Article 2   Consolidated financial statements are financial statements that reflect the overall financial position, operating results and cash flows of a group, which comprises a parent and all its subsidiaries.

A parent is an entity that controls one or more entities (such as enterprises, deemed separate entities, and structured entities controlled by the enterprises, same as below).

A subsidiary is an entity that is controlled by the parent.

Article 3   Consolidated financial statements shall at least comprise the following components:

(a) consolidated balance sheet;

(b) consolidated income statement;

(c) consolidated cash flow statement;

(d) consolidated statement of changes in owners' equity (or shareholders' equity, same as below);

(e) notes.

The interim consolidated financial statements

prepared by a group at period end shall include, at a minimum, a consolidated balance sheet, a consolidated income statement, a consolidated cash flow statement and notes.

Article 4 A parent shall prepare consolidated financial statements.

If a parent is an investment entity and it has no subsidiary that provides services that relate to the parent's investment activities, it should not prepare consolidated financial statements. It shall measure all of the investments in its subsidiaries at fair value through profit or loss in accordance with the requirements of Article 21 of this Standard.

Article 5 Translation of financial statements in foreign currencies is dealt with under "Accounting Standard for Business Enterprises No. 19 – Foreign Currency Translation" and "Accounting Standard for Business Enterprises No. 31 – Cash Flow Statements".

Article 6 Disclosure of interests in subsidiaries is dealt with under "Accounting Standard for Business Enterprises No. 41 – Disclosure of Interests in Other Entities".

Chapter 2　Scope of Consolidation

Article 7 The scope of consolidated financial statements shall be determined on the basis of control.

第四部分 Accounting Standard for Business Enterprises No. 33—Consolidated Financial Statements

Control exists when the investor has all the following: power over the investee; exposure, or rights to variable returns from its involvement with the investee; and the ability to use its power over the investee to affect the amount of the investor's returns.

In this Standard, relevant activities refer to activities of the investee that significantly affect the investee's returns.

Relevant activities of the investee shall be determined depending on the circumstances, which generally include selling and purchasing of goods or services; managing financial assets; acquiring or disposing of assets; researching and developing activities; and financing activities.

Article 8 An investor shall consider all facts and circumstances when assessing whether it controls an investee. The investor shall reassess its control when changes in relevant facts and circumstances lead to changes in the elements of control.

Relevant facts and circumstances mainly include:

(a) the purpose to set up the investee;

(b) what the relevant activities of the investee are and how decisions about those activities are made;

(c) whether the rights of the investor give it the current ability to direct the relevant activities of the investee;

(d) whether the investor is exposed, or has rights to

variable returns from its involvement with the investee;

(e) whether the investor has the ability to use its power over the investee to affect the amount of the investor's returns;

(f) the nature of the investor's relationship with other parties.

Article 9 An investor has power over an investee when the investor has existing rights that give it the current ability to direct the relevant activities of the investee, irrespective of whether the rights are actually exercised.

Article 10 If two or more investors each have existing rights that give them the unilateral ability to direct different relevant activities of the investee, the investor that can direct the activities that most significantly affect the returns of the investee has power over the investee.

Article 11 An investor, in assessing whether it has power over the investee, shall consider only substantive rights relating to an investee, including the substantive rights held by the investor and those held by other parties.

Substantive rights refer to the rights that the holder must have the practical ability to exercise when decisions about the direction of the relevant activities need to be made.

Determining whether a right is substantive requires

taking into account all relevant factors, including: whether there are any barriers (e. g. finance, price, terms and conditions, mechanism, information, operation, legal or regulatory requirements) that prevent the holder from exercising the rights.

When the rights are held by more than one party or, when the exercise of the rights requires the agreement of more than one party, whether a mechanism is in place that provides those parties with the practical ability to exercise their rights collectively if they choose to do so; and whether the party holding the rights would benefit from the exercise of those rights.

In some circumstances, substantive rights exercisable by other parties may prevent an investor from controlling the investee. Such substantive rights include active rights to initiate proposals for decision-making, and passive rights in making decisions on submitted proposals.

Article 12 An investor that holds only protective rights does not have power over an investee.

Protective rights are rights designed to protect the interest of the party holding those rights without giving that party the right to make decisions about the relevant activities of the investee.

Generally, protective rights only relate to fundamental changes to the activities of an investee or apply in exceptional circumstances. Such rights do not give the party holding those rights power or prevent another party from having power over an investee.

Article 13 The following circumstances indicate that an investor has power over an investee, unless where there is clear evidence showing that the investor cannot direct the relevant activities of the investee:

(a) the investor holds more than half of the voting rights of the investee;

(b) even if the investor holds half or less of the voting rights of the investee, it can control the exercise of more than half of the voting rights through an agreement with other vote holders.

Article 14 Even if an investor holds half or less of the voting rights of an investee, the investor has power over the investee, when it is determined that the investor has sufficient voting rights to provide it with the current ability to direct the relevant activities of the investee, after considering the following facts and circumstances:

(a) the size of the investor's holding of voting rights relative to the size of the holdings of the other vote holders and dispersion of the holdings of the other vote holders;

(b) the potential voting rights in the investee held by the investor and other investors, such as convertible bonds and warrants;

(c) rights arising from other contractual arrangements;

(d) other relevant facts and circumstances, including voting patterns of the investee in the past.

Article 15 When voting rights cannot have a significant effect on an investee's returns, such as when voting rights relate to administrative tasks only and contractual arrangements determine the direction of the relevant activities, the investor needs to assess those contractual arrangements in order to determine whether it has rights sufficient to give it power over the investee.

Article 16 In some circumstances, it may be difficult to determine whether an investor's rights are sufficient to give it power over an investee. In such cases, to determine whether the investor has power over the investee, the investor shall consider evidence of whether it has the practical ability to direct the relevant activities unilaterally. Consideration is given, but is not limited, to the following:

(a) whether the investor can appoint or approve the investee's key management personnel;

(b) whether the investor can direct the investee to enter into or can veto significant transactions of the investee for the benefit of the investor;

(c) whether the investor can dominate either the

nominations process for electing members of the investee's board of directors or similar governing bodies or can obtain proxies from other holders of voting rights; and

(d) whether the investee's key management personnel or the majority of the members of the investee's board of directors or similar governing bodies are related parties of the investor.

When the investor has a special relationship with the investee, the impact of the special relationship shall be considered in assessing whether the investor has power over the investee. Special relationships usually include: the investee's key management personnel are current or previous employees of the investor; the investee's operations are dependent on the investor; a significant portion of the investee's activities either involve or are conducted on behalf of the investor; and the investor's exposure or rights to variable returns from the investee is disproportionately greater than its voting or other similar rights.

Article 17 An investor's returns from an investee are regarded as variable when they have the potential to vary as a result of the performance of the investee. The investor shall assess the variability of the returns on the basis of the substance of the contractual arrangement rather than the legal form of the returns.

第四部分　Accounting Standard for Business Enterprises No. 33—Consolidated Financial Statements

Article 18　When an investor assesses whether it controls an investee, it shall determine whether it exercises the decision-making rights as a principal or an agent. An investor shall also determine whether another entity with decision-making rights is acting as an agent for the investor.

An agent only exercises its decision-making rights on behalf the principals and therefore does not control the investee.

When an investor delegates its decision-making authority to an agent on relevant activities of the investee, the investor shall treat the decision-making rights delegated to its agent as held by the investor directly.

Article 19　A decision maker shall consider the overall relationship between itself, the investee and other investors involved with the investee in determining whether it is an agent.

(a) when a single party holds substantive rights to remove the decision maker without cause, the decision maker is an agent.

(b) except in the situation in (a), a decision maker shall consider: the scope of its decision-making authority over the investee; the substantive rights held by other parties; the remuneration of the decision maker; and the decision maker's exposure to variability of returns from other interests that it holds in the investee.

Article 20 An investor shall usually assess whether it controls an investee as a whole. In exceptional cases, the investor shall treat a portion of the investee (hereinafter referred as "the Part") as a deemed separate entity (silo) if there is clear evidence that all of the following conditions are satisfied and that the related laws and regulations are complied with, and then determine whether it controls the Part (silo).

(a) assets of the Part are the only source of payment for liabilities of, or other interests in, the Part. They cannot be used to pay for other liabilities of the investee other than those of the Part.

(b) parties other than those related to the Part do not have rights to the assets of the Part or to residual cash flows from those assets of the Part.

Article 21 A parent shall include all subsidiaries (including silos controlled by the parent) within the scope of consolidation.

If the parent is an investment entity, it shall only consolidate the subsidiary (if any) that provides relevant services that relate to its investment activities and prepare consolidated financial statements. Other subsidiaries shall not be consolidated. Instead, the parent shall measure its investment in other subsidiaries at fair value through profit or loss.

Article 22 A parent is an investment entity when all of the following conditions are satisfied:

(a) the company obtains funds from one or more investors for the purpose of providing the investor(s) with investment management services;

(b) the company's business purpose is to invest funds solely for returns from capital appreciation, investment income or both for its investor(s);

(c) the company measures and evaluates the performance of substantially all of its investments on a fair value basis.

Article 23 A parent that is an investment entity usually has all of the following characteristics:

(a) it has more than one investment;

(b) it has more than one investor;

(c) it has investors that are not related parties of the entity;

(d) it has ownership interests in the form of equity or similar interests.

Article 24 A parent, which itself is not an investment entity, of an investment entity shall consolidate all entities that it controls, including those indirectly controlled through an investment entity subsidiary.

Article 25 When a parent changes from a non-investment entity to an investment entity, it shall only consolidate the subsidiaries that provide services related to its investment activities and prepare consolidated financial statements, the parent shall cease to consolidate any other subsidiaries at the date of change. The parent shall apply the requirements of Article 49 of this Standard to those subsidiaries as though the parent disposed of the subsidiaries but retained the remaining equity interests at the date of change.

When a parent changes from an investment entity to a non-investment entity, it shall consolidate the subsidiaries that were not previously included within the scope of consolidation at the date of change. The fair value of the subsidiaries that were not previously included within the scope of consolidation shall represent the transferred deemed consideration that arises from the deemed acquisition at the date of change.

Chapter 3 Consolidation Procedures

Article 26 The consolidated financial statements shall be prepared by the parent based on the financial statements of the parent and its subsidiaries, and using other related information.

When preparing consolidated financial statements, the parent shall consider the entire group as an accounting entity, adopt uniform accounting policies and apply the requirements of Accounting Standard for Business Enterprises related to recognition, measurement and presentation. The consolidated financial statements shall reflect the overall financial position, operating results and cash flows of the group.

(a) combine items of assets, liabilities, owner's equity, income, expenses and cash flows of the parent with those of its subsidiaries.

(b) offset the carrying amount of the parent's long-term equity investment in the subsidiaries and the parent's portion of owner's equity of the subsidiaries.

(c) eliminate the impact of intragroup transactions between the parent and its subsidiaries or between subsidiaries. when intragroup transactions indicate an impairment of related assets, the losses shall be recognised in full.

(d) make adjustments to special transactions from the perspective of the group.

Article 27 A parent shall standardise the accounting policies of its subsidiaries so that uniform accounting policies are used by the parent and its subsidiaries.

When the accounting policies of its subsidiaries are different from those of the parent, the parent shall make necessary adjustments to the financial statements of the subsidiary based on its own accounting policies, or require the subsidiary to prepare another set of financial statements in accordance with the parent's accounting policies.

Article 28 A parent shall standardise the accounting periods of its subsidiaries so that the periods are the same as that of the parent.

When the accounting period of a subsidiary is different from that of the parent, the parent shall adjust the financial statements of the subsidiary based on its own accounting period, or require the subsidiary to prepare another set of financial statements using the same accounting period as that of the parent.

Article 29 For the preparation of the consolidated financial statements, subsidiaries shall, in addition to their financial statements, provide the parent with the following related information:

(a) descriptions of accounting policies that are different from those of the parent and the amounts of the effects;

(b) descriptions of accounting period that are different from that of the parent;

(c) relevant information about all intragroup transactions, i.e. transactions with the parent or fellow subsidiaries;

(d) relevant information about changes in owners' equity;

(e) other information that is necessary for the preparation of the consolidated financial statements.

Section 1　Consolidated Balance Sheet

Article 30 The consolidated balance sheet shall be prepared by the parent by combining the balance sheets of the parent and its subsidiaries after eliminating the effects of intragroup transactions, i. e. transactions between the parent and its subsidiaries and transactions between subsidiaries, on the consolidated balance sheet.

(a) The parent's long-term equity investment in each subsidiary and the parent's portion of equity of each subsidiary shall be eliminated. In addition, any corresponding provisions for impairment losses on such long-term equity investments shall also be eliminated.

The subsidiary's long-term equity investment in its parent shall be regarded as the group's treasury stock and treated as a deduction from the owners' equity. It shall be presented as "Less: treasury stock" in the consolidated balance sheet within owners' equity.

A subsidiary's long-term equity investment in another subsidiary and the subsidiary's portion of equity of the corresponding subsidiary shall be eliminated by reference to the approach for eliminating the parent's equity investment in each subsidiary.

(b) Intragroup amounts receivable and amounts payable(between the parent and its subsidiaries or between subsidiaries) shall be eliminated. In addition, any related provisions for doubtful debts or impairment losses shall also be eliminated.

(c) Unrealized profits or losses resulting from intragroup sales of goods (or provision of services, same as below) or other intragroup transactions (between the parent and its subsidiaries or between subsidiaries) that are recognised in assets, such as inventories, fixed assets, construction materials, construction in progress or intangible assets, shall be eliminated.

That part of any provisions for diminution in value or impairment of assets (such as inventories, fixed assets, construction materials, construction in progress or intangible assets) related to the unrealized profits or losses shall be eliminated.

(d) The effects of other intragroup transactions (between the parent and its subsidiaries or between subsidiaries) on the consolidated balance sheet shall be eliminated.

(e) When temporary differences arise from the differences between the carrying amounts of assets and liabilities in the consolidated financial statements and the corresponding tax bases used by the tax payer as a result of the elimination of unrealized profits or losses resulting from intragroup sales of goods, deferred tax assets or deferred tax liabilities shall be recognised in the consolidated balance sheet, and income tax expense shall be adjusted in the consolidated income statement, unless the deferred tax asset/liability is related to transactions or items recognised directly in equity or is related to business combinations.

Article 31 That portion of a subsidiary's equity that is not attributable to the parent shall be treated as non-controlling interests and presented as "non-controlling interests" in the consolidated balance sheet within owners' equity.

Article 32 When preparing the consolidated balance sheet, if the parent has acquired a subsidiary or business during the reporting period through a business combination involving enterprises under common control, the opening balances of the consolidated balance sheet shall be adjusted for that subsidiary or business. In addition, relevant items in the comparative statement shall be adjusted as if the reporting entity after the combination has been in existence since the date the ultimate controlling party first obtained control.

If a subsidiary or business has been acquired through a business combination not involving enterprises under common control, or by other means, the opening balances of the consolidated balance sheet shall not be adjusted for the subsidiary or business.

Article 33 When preparing the consolidated balance sheet, if the parent has disposed of a subsidiary or business during the reporting period, the opening balances of the consolidated balance sheet shall not be adjusted for that subsidiary or business.

Section 2　Consolidated Income Statement

Article 34　The consolidated income statement shall be prepared by the parent by combining the income statements of the parent and its subsidiaries, after eliminating the effects of intragroup transactions, i.e. transactions between the parent and its subsidiaries and transactions between subsidiaries, on the consolidated income statement.

(a) Operating revenue and operating costs derived from intragroup sales of goods (between the parent and its subsidiaries or between subsidiaries) shall be eliminated.

If the goods sold between the parent and its subsidiaries or between subsidiaries are all re-sold to external parties at the end of the period, the operating revenue of the seller shall be eliminated against the operating costs of the purchaser.

If the goods sold between the parent and its subsidiaries or between subsidiaries are not yet re-sold to external parties at the end of the period, resulting in assets being held, such as inventories, fixed assets, construction materials, construction in progress or intangible assets, the operating revenue and operating costs from the intragroup sales, together with the unrealized profits or losses recognised in the relevant assets, shall be eliminated.

(b) In addition to the elimination of unrealized profits and losses resulting from intragroup sales of goods (between the parent and its subsidiaries or between subsidiaries) that are recognised in fixed assets or intangible assets, that part of any provisions for depreciation of fixed assets or amortisation of intangible assets that is related to the unrealized profits or losses shall also be eliminated.

(c) Investment income, interest income or other comprehensive income and other related items derived from intragroup debt securities held (between the parent and its subsidiaries or between subsidiaries) shall be eliminated against the corresponding interest expense incurred by the issuer.

(d) Investment income derived from intragroup long-term equity investments held (between the parent and its subsidiaries or between subsidiaries) shall be eliminated.

(e) The effects of other intragroup transactions (between the parent and its subsidiaries or between subsidiaries) on the consolidated income statement shall be eliminated.

Article 35 That portion of net profits or losses of subsidiaries for the period attributable to non-controlling interests shall be presented in the consolidated income statement below the "net profit" line item as "non-controlling interests".

That portion of the comprehensive income of subsidiaries for the period attributable to non-controlling interests shall be presented in the consolidated income statement below the "total comprehensive income" line item as "total comprehensive income attributable to non-controlling interests".

Article 36 Unrealized profits and losses resulting from the sale of assets by the parent to its subsidiaries shall be fully eliminated against "net profit attributable to owners of the parent".

Unrealized profits and losses resulting from the sale of assets by a subsidiary to the parent shall be eliminated and allocated between "net profit attributable to owners of the parent" and "non-controlling interests" in accordance with the allocation proportion of the parent in the subsidiary.

Unrealized profits and losses resulting from the sale of assets by one subsidiary to another shall be eliminated and allocated between "net profit attributable to owners of the parent" and "non-controlling interests" in accordance with the allocation proportion of the parent in the subsidiary making the sale.

Article 37 When the amount of loss for the current period attributable to the non-controlling shareholders of a subsidiary exceeds the non-controlling shareholders' portion of the opening balance of owners' equity of the subsidiary, the excess shall be allocated against the non-controlling interests.

Article 38 Where the parent has acquired a subsidiary or business during the reporting period through a business combination involving enterprises under common control, the subsidiary's revenue, expenses and profit, from the beginning to the end of the reporting period in which the combination takes place, shall be included in the consolidated income statement. In addition, relevant items in the comparative statement shall be adjusted as if the reporting entity after the combination has been in existence since the date the ultimate controlling party first obtained control.

Where a subsidiary or business has been acquired through a business combination not involving enterprises under common control, or by other means, the revenue, expenses and profit of that subsidiary or business from the acquisition date to the end of the reporting period shall be included in the consolidated income statement.

Article 39 Where the parent has disposed of a subsidiary or business during the reporting period, the revenue, expenses and profit of that subsidiary or business, from the beginning of the reporting period to the date of disposal, shall be included in the consolidated income statement.

Section 3 Consolidated Cash Flow Statement

Article 40 The consolidated cash flow statement shall be prepared by the parent by combining the cash flow statements of the parent and its subsidiaries after eliminating the effects of intragroup transactions, i. e. transactions between the parent and its subsidiaries and transactions between subsidiaries, on the consolidated cash flow statement.

All references to "cash" in this Standard cover both cash and cash equivalents, except when the terms "cash" and "cash equivalents" are referred to simultaneously.

Article 41 The consolidated cash flow statement shall be prepared in accordance with the following requirements:

(a) Cash flows resulted from investments during the period (i. e. capital contribution by cash or acquisition of additional shares) between the parent and its subsidiaries or between subsidiaries shall be eliminated.

(b) Cash receipts from intragroup investment income and interest income arising from transactions between the parent and its subsidiaries or between subsidiaries shall be eliminated against the corresponding cash payments in respect of dividends, distribution of profits or interest.

(c) Cash flows arising from settlement of intragroup amounts receivable and amounts payable between the parent and its subsidiaries or between subsidiaries shall be eliminated.

(d) Cash flows between the parent and its subsidiaries or between subsidiaries arising from intragroup sales of goods shall be eliminated.

(e) Net cash receipts arising from intragroup disposal of fixed assets, intangible assets or other long-term assets between the parent and its subsidiaries or between subsidiaries shall be eliminated against the corresponding cash payments for purchase of such assets.

(f) Cash flows from other intragroup transactions between the parent and its subsidiaries or between subsidiaries shall be eliminated.

Article 42 The consolidated cash flow statement and its supplementary information may also be prepared based on the consolidated balance sheet and the consolidated income statement.

Article 43 Where the parent has acquired a subsidiary or business during the reporting period through a business combination involving enterprises under common control, the cash flows of the subsidiary or business, from the beginning to the end of the reporting period in which the combination takes place, shall be included in the consolidated cash flow statement. In addition, relevant items in the comparative statement shall be adjusted as if the reporting entity after the combination has been in existence since the date the ultimate controlling party first obtained control.

Where a subsidiary or business has been acquired through a business combination not involving enterprises under common control, the cash flows of that subsidiary or business, from the acquisition date to the end of reporting period, shall be included in the consolidated cash flow statement.

Article 44 Where the parent has disposed of a subsidiary or business during the reporting period, the cash flows of that subsidiary or business, from the beginning of the reporting period to the date of disposal, shall be included in the consolidated cash flow statement.

Section 4 Consolidated Statement of Changes in Owners' Equity

Article 45 The consolidated statement of changes in owners' equity shall be prepared by the parent by combining the statements of changes in owners' equity of the parent and its subsidiaries, after eliminating the

第四部分 Accounting Standard for Business Enterprises No. 33—Consolidated Financial Statements

effects of intragroup transactions, i. e. transactions between the parent and its subsidiaries and transactions between subsidiaries, on the consolidated statement of changes in owners' equity.

(a) The parent's long-term equity investment in each subsidiary and the parent's portion of the equity of each subsidiary shall be eliminated. A subsidiary's long-term equity investment in another subsidiary or in the parent shall be treated in accordance with Article 30 of this Standard.

(b) Investment income derived from intragroup long-term equity investments held (between the parent and its subsidiaries or between subsidiaries) shall be eliminated.

(c) The effects of other intragroup transactions (between the parent and its subsidiaries or between subsidiaries) on changes in owners' equity shall be eliminated.

The consolidated statement of changes in owners' equity may also be prepared based on the consolidated balance sheet and the consolidated income statement.

Article 46 If there are non-controlling shareholders, "noncontrolling interests" shall be separately presented in the consolidated statement of changes in owners' equity to reflect the movements of non-controlling interests in equity.

Chapter 4 Accounting Treatment for Special Transactions

Article 47 Where the parent has acquired a subsidiary's equity interest held by non-controlling shareholders, the difference between the increase in the cost of long-term equity investments as a result of acquisition of non-controlling interests and the share of net assets of the subsidiary calculated continuously from the acquisition date or the combination date based on the new shareholding proportion shall be adjusted to the capital reserve (capital premium or share premium) in the consolidated financial statements. If the balance of the capital reserve is not sufficient, any excess shall be adjusted against retained earnings.

Article 48 When an enterprise becomes capable of exercising control over an investee not under common control due to additional investment or other reasons, when preparing the consolidated financial statements, the acquirer shall remeasure its previously held equity interest in the acquiree to its fair value at the acquisition date. The difference between the fair value and the carrying amount shall be recognised as investment income for the period when the acquisition takes place. When the previously-held equity investment is accounted for under the equity method, any other comprehensive income previously recognised in relation to the acquiree's equity changes shall be transferred to profit or loss for the current period when the acquisition takes place. The acquirer shall disclose, in the notes to the financial statements, the acquisition-date fair value of the equity interest in the acquiree held by the acquirer immediately before the acquisition date, and the amount of any gain or loss recognised as a result of re-measuring to fair value of the previously-held equity interest in the acquiree.

Article 49 Where the parent disposes of a portion of the long-term equity investments in a subsidiary without loss of control, the difference between the amount of the consideration received and the corresponding portion of net assets of the subsidiary calculated continuously from the acquisition date or the combination date related to the disposal of the long-term equity investments shall be adjusted to the capital reserve (capital premium or share premium) in the consolidated financial statements. If the balance of the capital reserve is not sufficient, any excess shall be adjusted against retained earnings.

Article 50 If an enterprise loses control of an investee due to the disposal of a portion of an equity investment or other reasons, the remaining equity investment shall be re-measured at its fair value in the consolidated financial statements at the date when control is lost. The difference between the total amount of consideration received from the transaction that resulted in the loss of control and the fair value of the remaining equity investment and the share of net assets of the former subsidiary calculated continuously from the acquisition date or the combination date based on the previous shareholding proportion, shall be recognised as investment income for the current period when control is lost, and the goodwill related to the subsidiary shall also be derecognised.

The amount previously recognised in other comprehensive income in relation to the former subsidiary's equity investment should be transferred to investment income for the current period when control is lost.

Article 51 Where a parent loses control of a subsidiary in multiple transactions in which it disposes of its subsidiary in stages, if each of the multiple transactions forms part of a bundled transaction which eventually results in loss of control of the subsidiary, these multiple transactions should be accounted for as a single transaction. In the consolidated financial statements, the difference between the consideration received and the corresponding proportion of the subsidiary's net assets in each transaction prior to the loss of control

第四部分　Accounting Standard for Business Enterprises No. 33—Consolidated Financial Statements

shall be recognised in other comprehensive income and transferred to the profit or loss when the parent eventually loses control of the subsidiary.

In determining whether to account for the multiple transactions as a single transaction, a parent shall consider all of the terms and conditions of the transactions and their economic effects. One or more of the following may indicate that the parent should account for the multiple arrangements as a single transaction:

(a) arrangements are entered into at the same time or in contemplation of each other;

(b) arrangements work together to achieve an overall commercial effect;

(c) the occurrence of one arrangement is dependent on the occurrence of at least one other arrangement;

(d) one arrangement considered on its own is not economically justified, but it is economically justified when considered together with other arrangements.

Article 52　For transactions or items not covered in this chapter, when there are inconsistencies between the recognition and measurement results in the consolidated financial statements at the group level and the recognition and measurement results in stand-alone individual financial statements[①] at the parent or subsidiary level, adjustments shall be made to the recognition and measurement results in accordance with (d) of the second paragraph of Article 26 in this Standard when preparing the consolidated financial statements.

Chapter 5 Transitional Provisions

Article 53 Enterprises that adopt this Standard for the first time shall re-assess its investees in accordance with this Standard to determine whether they should be included in the consolidated financial statements. Retrospective adjustments shall be made when the consolidation scope has been changed as a result of the adoption of this Standard for the first time, unless it is impracticable to do so. No retrospective adjustments are required for former subsidiaries over which control has been lost during the comparative period.

---

① Under PRC GAAP, an entity that has subsidiaries shall prepare stand-alone financial statements in accordance with CAS 33 and prepares stand-alone financial statements. An entity that has no subsidiaries but may has joint ventures or associates shall prepare stand-alone financial statements.
When an entity prepares stand-alone financial statements, the entity accounts for the investment in subsidiary at cost and accounts for the investments in associates and/or joint ventures using the equity method.
That means, under PRC GAAP, there is no concept of separate financial statements as defined under IFRS.

Chapter 6 Supplementary Provisions

Article 54 This Standard becomes effective as from July 1, 2014.